고속
성장의 비밀
PDCA'
자기경영

고속
성장의
비밀 9

PDCA
자기경영

| 이태철 지음 |

BM (주)도서출판 **성안당**

추천사

변화에 적응하는 개체만이 살아남는다는 것은 만고의 진리이다. 급속하게 변하는 환경 속에서 유기체가 적응하고 생존할 수 있으려면 다음과 같은 두 가지가 필요하다. 하나는 변화의 방향에 맞게 안테나를 설정하는 일이다. 시시각각 변하는 환경을 관찰하면서 그에 맞게 변화의 목표를 올바르게 설정하여야 한다. 다른 하나는 이에 대한 실천 여부다. 변화의 성패는 설정된 목표를 실제 행동으로 옮기느냐의 여부에 달려 있다.

나는 중소기업을 지원하는 일을 하면서 이들 기업이 변화하지 못하고 실패하는 것을 지켜보았다. 매우 안타까운 현실이다. 많은 경우 변화의 필요성은 공감하지만 실제적인 행동과 실천이 부족한 경우가 많았다. 어려운 여건에도 불구하고 성공적으로 변화하고 있는 중소기업들의 공통점은 CEO가 변화를 감지하고 적극적으로 행동하였다는 것이다. 이 책은 CEO의 주체적인 사고와 전략적인 변화 관리를 제시하고 있다는 점에서 많은 관심을 끈다.

저자는 많은 중소기업 CEO들이 변화하기를 바라면서 이 책을 썼다고 한다. 이 책에는 중소기업 CEO들의 생생한 삶과 경영철학 그리고 그들이 세운 비전을 행동으로 옮긴 이야기가 가득 담겨 있다. 많은 중소기업 CEO들과 직원들의 일독을 권한다. 이 책을 통해 변화를 꿈꾸고 있는 청년들을 비롯한 독자들이 긍정적인 에너지를 얻을 수 있으리라 생각한다.

이 책의 저자는 바쁜 일정 속에서 시간을 쪼개가며 원고를 썼다고 한다. 자신이 하는 일을 사랑하고 열정을 다해 이를 실천해야 한다고 역설하는 사람은 많지만 저자처럼 행동으로 옮긴 사람은 그리 많지 않다. 저자의 의도처럼 중소기업 CEO를 비롯한 많은 사람이 PDCA의 실천을 통해 크게 성장하기를 바란다. 바쁜 일정에도 좋은 책을 쓴 저자에게 수고했다는 말을 전하며 현장의 목소리를 담은 두 번째 책도 곧 볼 수 있기를 바란다.

중소기업중앙회장
김기문

자신만의 PDCA 시스템을 만들어라

대부분의 중소기업 창업자들은 충분한 준비 없이 사업을 시작하는 경향이 있다. 처음엔 제품을 만들어 팔기만 하면 되는 것으로 생각한다. 즉, 영업과 생산만 생각하고 사업을 시작한다. 그러나 경쟁회사 제품에 비해 선호도가 떨어지거나 고객의 트렌드 변화로 매출이 하락하면 신제품 개발 필요성을 느끼고, 제품불량으로 고객의 불만이 발생하면 품질관리의 중요성을 인식한다. 또한 마케팅 문제가 발생하면 고객관리를 생각하고, 이직률이 높아지면 직원관리의 중요성을 생각한다. 직원 봉급을 비롯한 회사 운영자금 관리에서도 이와 같은 과정을 겪게 된다.

이렇듯 사업을 하는 데 있어서 신경 써야 할 것이 한두 가지가 아니다. 이에 대한 준비가 되어 있지 않거나 돌발 위기 등을 극복하지 못한 대다수 신생 기업들은 창업 이후 몇 년 되지 않아 데스밸리death-valley를 넘기지 못하고 좌절하는 경우가 많다.

똑같이 사업을 시작했지만 어떤 이는 성공하고, 어떤 이는 좌절하는 이유가 뭘까. 직원들을 '동반자'로 여기며 '높은 성과'를 내는 CEO가 있는가 하면, 직원들을 '비용'으로 여기며 소위 '갑질'로 종업원에게 씻을 수 없는 '상처'를 주는 CEO도 있다.

나는 PDCA^{Plan-Do-Check-Action}가 제대로 작동되는 '시스템'을 갖춘 기업이 '좋은 기업'이라는 생각을 오랫동안 해왔다. 이러한 기업이 되기 위해서는 'CEO 마인드'가 무엇보다 중요하다.

현장에서 많은 기업들을 방문하고 CEO들을 만나면서 인생의 성공과 실패에 대해 많은 생각을 하였고 '성공'이란 '결과'가 아니라 '끊임없이 발전하는 과정'이라는 생각을 하였다. 또한 그들도 아이들이 성장하는 것과 같이 매일 조금씩 성장하고 있는 것은 아닌가 하는 생각을 하였다.

성공한 '중소기업 CEO'를 접하면서 그들의 이야기를 많은 사람들에게 전해주고 싶다는 열망을 느꼈다. 그들 대부분이 비슷한 '인생행로'를 걷고 있다는 느낌을 받았다. 그들의 어떤 '차이'가 그렇게 큰 '결과'를 만들어 내고 있는 것일까? 그들에게 어떤 '시스템'이 작동되고 있기에 '남다른 삶'을 살고 있는 걸까?

평소 현장 컨설팅 등을 통해 듣고 보았던 그들의 성공과 좌절 이야기를 책에 담아도 되는지 조심스럽게 양해를 구하였다. 놀랍게도 80%가 긍정적인 답변을 보내왔다. 인생에서 성공적인 '경로'를 걷고 있는 사람들의 특징은 매우 '긍정적'이라는 것을 느꼈다.

우리는 자신의 삶에 있어 누구나 1인 CEO이다. '삶'이 바람직한 방향으로 작동되기 위해서는 본인만의 확고한 '시스템'이 있어야 한다. 자신만의 PDCA 시스템을 만들어야 한다. '계획'을 세웠으면 곧바로 '행동'에 옮겨야 한다. 항상 '점검'하고 잘못된 것이 있으면 바로 '개선'해야 한다.

이 책을 읽은 후 그들의 '삶의 지혜'를 들여다보고, 본인의 삶에 적용할 자신만의 '시스템'을 만들어 보기를 권한다.

책은 많다. 그것도 엄청 많다. 그중에는 독자들의 선택을 받는 책이 있고, 전혀 읽히지 않는 책도 있다. 독자들의 선택에 혼란을 주는 가치 없는 책 하나가 세상에 또 태어나는 것이 아닐까 하는 걱정도 사실 조금 있다.

그러나 일단 그 생각은 접기로 하였다. 그들에게 영감을 받은, 가치 있는 '이야기'들을 엮어보기로 하였다. 나처럼 긍정적인 에너지를 받고 새로운 도전을 꿈꾸는 사람들이 많아지기를 기원해본다.

2019년 4월

이태철

| 2장 | 도전하는 삶이 아름답다

| 3장 | 불꽃 열정으로 타오르다

| 4장 | 흔들림 없이 추진하라

1장

목표의 힘을 믿어라

"정확한 목표 없이
성공의 여행을 떠나는 자는 실패한다.
목표 없이 일을 진행하는 사람은
기회가 와도 그 기회를 모르고
준비가 안 되어 있어 실행할 수 없다."

- 노만 빈센트 필 -

❗ 생각의 전환이 필요하다

'Think different[1]'는 1997년 TV, 인쇄물 광고 등에서 지속적으로 표출되었던 애플의 유명한 광고 문구이다. 이 말은 스티브 잡스의 '혁신'을 나타내는 대명사로, '사물과 현상을 있는 그대로만 봐서는 어떤 것도 바꿀 수 없다'는 메시지가 담겨 있다. 대부분의 사람들은 주어진 현실을 고정된 현상으로 받아들이는 경향이 있다. 그러나 이러한 태도로는 어떤 것도 변화시킬 수 없다. '세상에 그 어떤 것도 원래 그런 것은 없는 것'이라고 받아들이고 행동으로 옮길 수 있어야 그 자신이 변화의 주체가 될 수 있다.

생각의 크기만큼 사업의 크기가 결정된다. LG도 삼성도 모두 처음에는 중소기업이었다. LG그룹은 락희화학의 '크림' 생산을 기반으로 그룹사가 되었다. 삼성그룹도 대구 지역의 청과류와 포항 지역 건어물을 중국 등지로 수출하던 삼성상회가 모태가 되었다. 애경그룹은 또 어떤가. 비누, 세제 생산을 시작으로 1990년대 백화점 등 유통업에 진출했으며, 2005년에는 제주항공을 설립해 항공 운송시장에도 진입하였다. 중소기업은 '한계가 있다'라고 생각하는 순간 더 이상 성장하기가 어려울 수밖에 없다. 생각의 크기가 '사업의 크기'를 결정한다.

---

1) Think different는 'Think something different'의 축약형이다. Think differently로도 표현할 수 있다.

나는 A 품목을 생산하는 업계 1위 회사를 방문한 적이 있다. 그 당시 사무실 벽에 붙어 있는 'Why 생각하며 일하자'라는 캐치프레이즈가 시선을 사로잡았다. 언뜻 보면 '직원들이 생각 없이 일한다는 말인가?'라고 생각할지도 모른다. 누구나 의식은 있지만 깨어 있는 삶을 살기는 어렵다. 생각을 전환하는 것이 그만큼 어려운 일이기 때문이다. 변화하기 위해서는 먼저 '생각의 틀'을 깨야 한다. 그래야 생각이 바뀔 수 있다. 생각을 바꾸었으면 생각의 크기도 바꾸어야 한다.

기업이 크게 성장하기 위해서는 인재가 필요하다. 대기업은 우수한 인재가 넘치지만 중소기업은 인재가 없다고 한다. 그렇다면 중소기업에 몸담고 있는 직원들은 우수하지 않다는 말인가? 사실 이 말은 어떤 면에서는 맞는 말이기도 하고 틀린 말이기도 하다. 영세기업으로서의 한계를 극복하고 혁신기업으로 키운 S기업 대표의 '인재 육성론'은 생각해볼 만하다. 그는 "직원들이 '성공 경험'을 많이 쌓을 수 있도록 조금만 잘해도 '보상'을 준다."고 한다. 교육을 '사업' 수준으로 생각하고 매년 사업계획에 이를 포함시킨다. 또한, 교육이수 실적을 성과평가의 중요한 요소로 취급한다. 창업한 지 20년이 채 되지 않았지만 이 회사는 연매출 2천억 원 돌파를 내다보고 있다. 그는 이러한 성장의 원인을 직원들에 대한 교육과 투자의 효과라고 생각한다. '변화와 혁신'을 위해서는 직원들이 생각을 해야 하는데 오직 공부와 같은 자기계발을 통해서만 생각이 바뀔 수 있다고 믿는다.

대기업들이 걸었던 길을 중소기업이 걸을 수는 없을까? 불가능하다고 생각하면 이 어려운 무한경쟁 시장에서 어쩌면 중소기업도 유지될 수 없을지도 모른다. 단계를 밟아 가다 보면 어느 순간 '기회'를 잡을 수 있지 않을까. 혁신은 어려운 것이 아니다. 주어진 현실을 바꿀 수 있다고 생각하는 것이 혁신의 출발점이다.

1

전문가가 되기까지 참고 견뎌라

한번 마음먹은 목표는 밤잠을 줄이면서 열정을 다하였습니다. 모든 것을
다 할 수는 없어요. '선택과 집중'이 필요해요. 중요한 것과 중요하지 않은
것을 구분할 수 있어야 합니다. 나는 '목표'에 집중하기 위해 많은 부분을
직원들에게 위임하였습니다.

㈜태양트레이, 한강자동차운전전문학원, 강남 영동새마을금고 등
네 개 계열사를 둔 회장 이재창은 1964년, 15살에 단돈 500원을 가
지고 기술을 배우기 위해 서울로 올라왔다. 기능올림픽대회에 출전해
가스용접 부문에서 금메달을 따 기술력을 인정받은 후에 모은 '종잣
돈'으로 1972년 태양공업사를 세웠다. 1991년부터 2006년까지 4회
연속 강남구의회의원에 당선되어 지역사회를 위해 봉사하였다. 1995년
강남 영동새마을금고 이사장을 맡으면서도 검정고시를 시작으로 대
학교와 대학원에서 계속 공부를 하는 등 뜨거운 열정으로 새로운 도
전을 계속하고 있다.

목표를 향해 도전하는 삶

이재창 회장은 험한 인생 속에서도 목표를 달성하는 습관이 철저하게 몸에 밴 사람이다. 그는 1949년에 태어났다. 어린 시절 그는 무척 가난해서 중학교 문턱에도 가지 못하였다. 13살에 초등학교를 졸업한 후 곧바로 경북 영주에 있는 어느 공업사에서 용접 기술을 배우기 시작하였다. 먹고살려면 기술을 배워야 한다는 말을 듣고, 그는 두말 않고 집을 떠나 공장에서 먹고 자며 일을 배웠다. 기술을 배우기 위해, 쫓겨나지 않기 위해 남들보다 훨씬 부지런히 움직였다. 어린나이에 물을 기르고, 연탄불을 갈고, 청소를 하는 것이 여간 힘든 게 아니었다. 한 달에 한 번 휴가를 받아 집에 왔는데, 휴가를 받아 집에 오더라도 땔감을 마련하느라 쉴 틈이 없었다.

1964년 그는 공업사에서 3년간 일하고 받은 300원과 나무를 해서 모은 200원을 합친 단돈 500원을 들고 무작정 서울로 올라왔다. 청계천에 있는 태산공업사에서 용접 일을 시작하였다. 당시 청계천은 연탄재를 비롯한 오물 쓰레기로 몸살을 앓고 있었다. 영하 20도가 넘는 추위 속에서 마룻바닥에서 잠을 자며 월급 600원씩을 받고 일을 하였다. 너무 힘들고 지쳐서 모든 것을 포기하고 싶을 때가 한두 번이 아니었다. 그는 "당시 월급을 모으는 재미와 용접기술을 배우는 보람으로 하루하루를 버텼다."고 회상한다.

상경한 지 5년이 되던 해인 1969년, 기능올림픽대회에 출전해 가스 용접 부문에서 금메달을 땄다. 이때부터 그의 인생이 달라지기 시작하였다. 기능 올림픽에서 금메달을 따자 입소문이 났기 때문이다. 공장에 일감이 물밀듯이 밀려왔다. 그러나 자신이 가져가는 돈은 얼마 되지 않았다. 그래서 그는 "반드시 내 사업을 한다."고 결심하였다.

"직장 생활을 하는데, 한 달 월급 받아봐야 얼마 안 되잖아요. 그래서 창업을 해야겠다고 마음먹었어요. 당시 삼천리자전거 등 큰 기업에서 스카우트 제의가 있었어요. 그러나 거기 가게 되면 '월급쟁이'잖아요. 내 사업을 해야겠다고 마음먹었기 때문에 다 거절했어요. 소문이 나서 남이 못한다는 용접은 우리 쪽으로 다 들어오는 거예요. 아무리 가격을 많이 불러도 깎지를 못해요. 다른 데는 못하는 거니까. 예를 들면 부품 하나가 부러져 용접을 못하게 되면 버려야 되잖아요. 기계를 못 쓰게 되면 손해가 몇 천만 원이 되고, 몇억 원이 될 수 있잖아요. 그래서 수리비용으로 10만 원 달라고 해도 해 가고. 20만 원 달라고 해도 해 가고. 얼마나 신기해요. 한 달 월급은 몇 푼 안 되는데. 사실 용접 한 건만 때우면 한 달 월급이 되는 거예요."

그는 계속해서 사업을 위한 '종잣돈'을 어떻게 마련하게 되었는지 말을 이었다.

"'내 사업을 해야겠다.'라는 생각을 하면서도 돈이 있어야 하지. 못하잖아요. 우리 집안 할아버지 한분이 있었어요. 그분의 소개로 남양주 밤섬 유원지에 있는 매점을 아내가 하게 되었어요. 나는 평일에는 공장에서 일하고 일요일에는 아내를 도와 매점에서 일했어요. 하루 일을 마친 후 물건을 떼서 밤 11시 차를 타고 집에 오면 밤 12시였어요. 그리고 아침 8시에 나와서 일했어요. 당시에 하루 몇 시간 못 자고 일했어요. 월급을 타면 90%를 예금했어요. 쌀은 고향집과 처가에서 한 가마니씩 가져다 먹었죠. 장사한 돈하고 예금한 돈을 모아서 16평짜리 공장에 세를 얻어 시작했어요. 있는 돈으로만 시작했어요. 그게 밑천이 돼서 이렇게 큰 재산을 일구게 되었어요."

최선을 다하고 정성을 다해 일하라

그는 기업 경영을 하면서 늘 배움이 부족함을 느꼈다. 그래서 마흔이 넘은 1989년부터 매년 숭실대학교, 서울대학교 최고위 과정 등에 등록해 배움을 계속하였다. 그러다 1991년에는 지방의회 의원에도 도전하여 강남구 의원에 당선되었다.

"1995년도에 강남구 의장을 했어요. 다 좋은 대학을 나왔는데 나는 초등학교를 나왔으니 중졸과 고졸 검정고시를 해야겠다고 생각했어요. 눈에서 피가 터지도록 공부했어요. 모르니까 배워야 하는 거죠. 그래서 1997년부터 검정고시 학원에 등록하여 중·고등학교 과정을 공부하기 시작했어요. 1999년 대입자격 검정고시에 합격했어요. 수도학원 졸업식에서 개근상을 수상했는데 개근상 수상자는 나를 비롯해 몇 사람이 되지 않았어요."

그는 2000년에 대학교 경영학과에 입학하였다. 당시 관심 있던 분야인 북한학을 복수전공하면서 대학시절 시간을 더 유익하게 보낼 수 있었다. 졸업 후 곧바로 대학원에서 공부를 시작하여 행정학 석사도 취득하였다.

그는 1991년부터 2006년까지 4회 연속 강남구의회의원에 당선되어 지역사회를 위해 봉사하였다. 그러나 지방의원이 '명예직'에서 '유급직'으로 바뀌면서 그는 더 이상 지방의회의원 선거에 출마하지 않았다.

"지방의원이 명예직이었으면 계속 출마했을 거예요. 월급을 받지 않고 하는 것이 봉사잖아요. 그래서 급여를 받고 하는 것은 봉사가 아니어서 더 이상 출마하지 않았어요. 구의원들과 지역주민들이 내가 지역사회를 위해 헌신적으로 일하는 것을 알았어요. 그래서 구의회 의장을 4번이나 했어요."

그는 "세상에 쉽게 이루어진 것은 하나도 없다."며 "한번 세운 목표나 맡은 과업은 최선을 다하고, 정성을 다해 반드시 완수해야 한다."고

힘주어 말하였다.

한번에 가려고 하지 마라

그는 강남 영동새마을금고 이사장도 맡고 있다. 1995년 지역사회에 있는 새마을금고가 폐업 직전까지 갔다. 새마을금고중앙회에서 폐업하기로 한 것이다. 출자금이 30억 원이었는데, 적자가 3억 원이었다. 수신 잔고도 거의 바닥나 있었다. 새마을금고를 살리기 위해 그가 직접 나섰다. 새마을금고 수신율을 높이기 위해서는 무엇보다 새마을금고에 대한 '신뢰도'를 높여야 하였다. 규정을 바꿔 자신이 소유하고 있는 14층 빌딩을 '자산'으로 등록하였다. 또한 직원들의 실수에 대한 책임을 담보하기 위하여 '개인담보'를 설정하도록 하였다. 이때부터 '마을금고에 돈을 맡기면 틀림없다! 금고에 자산이 충분하니 도산하지 않을 것이다'라는 '신뢰'가 회원들에게 싹트기 시작하였다.

"내가 동네 구의원이다 보니. 내가 맡아서 살려야 되겠다고 생각했어요. 내 돈을 많이 썼어요. 새마을금고는 단독 법인이에요. 은행으로 말하면 행장이죠. 살리고 싶어서 살린 게 아니라 주민들 3,000여 명이 다 망하잖아요. 20년은 명예직, 무보수로 일했어요. 직원은 10명이고…. 지금은 내가 없어도 잘 돌아갈 수 있도록 해놓았습니다."

새마을금고 이사장을 하면서도 그의 '성실함'은 변하지 않았다. 적극적으로 고객들을 만나고 설득하면서 새마을금고가 안정되기 시작하였다.

"은행은 9시에 시작하잖아요. 우리는 매일 아침 7시에 나가 8시부터 일을 시작했어요. 저녁에는 손님 오는 시간까지 일했어요. 가게를 돌아다니며 하루 세끼를 먹었어요. 많은 사람이 감동해서 우리 회원이 되었어요. 회원이 2만 명으로 늘었어요. 적자 난 걸 3년 만에 다 메꾸고, 1998년부터 지금까지 계속 배당을 주고 있어요. 현재 자산 1,000억 원, 공제 1,500억 원, 총 2,500억 원입니다. 자체 건물도 있고, 이제는 안전합니다."

그는 집이 가난하여 초등학교밖에 못 나왔다. 그러나 "나는 한 번도 좌절한 적이 없다. 그리고 한 번도 직원 월급이 밀린 적이 없고, 세금도 연체된 적이 없다."라고 덧붙인다.

'태산이 높다 하되 하늘 아래 뫼이로다. 오르고 또 오르면 못 오를리 없건마는 사람이 제 아니 오르고 뫼만 높다 하더라'는 우리에게 너무도 잘 알려진 조선 중기 양사언의 시다. 노력만 하면 못할 일이 없다는 뜻이다. 보통 사람들에게 있어서는 '노력'하는 것 자체도 매우 어려운 일인 것 같다. 산 하나에 또 하나의 산이 걸쳐 있다. 그 다음에 또 하나의 산이 나온다. 산 넘어 산이다. '태산'을 한번에 넘으려 하지 말고

'태산'을 한번에 넘으려 하지 말고 하나씩 차례대로 넘다 보면
어느새 '태산'도 넘을 수 있다.

차례대로 넘다 보면 어느새 '태산'도 넘을 수 있지 않을까?

　그는 한번 설정한 목표에 대해서는 반드시 완수하였다. 놀라운 집중
력이다. 그의 성공요인이 무엇일까?

"한번 마음먹은 목표는 밤잠을 줄이면서 열정을 다하였습니다. 모든 것을 다 할 수는 없어요. '선택과 집중'이 필요해요. 중요한 것과 중요하지 않은 것을 구분할 수 있어야 합니다. 나는 '목표'에 집중하기 위해 많은 부분을 직원들에게 위임하였습니다."

그가 직원들에 대한 '신뢰'를 가지고 있지 않았다면 많은 것을 이루지 못했을 것이다. 효율적인 '업무처리시스템' 구축을 통해 회사 대표, 구의원, 새마을금고 이사장 및 대학생 등의 역할을 매우 훌륭하게 수행할 수 있었다.

2

샐러리맨, CEO로 날다

나는 지금 성공하였다고 생각하지 않습니다. 지금도 많이 부족합니다. 다만, 샐러리맨 시절에 CEO처럼 생각하고 행동하는 습관이 나에게 '기회'를 가져다준 것 같습니다. 처음부터 CEO를 꿈꾸지는 않았습니다. 그러나 주도적으로 열심히 일하다 보니 CEO가 된 것 같습니다.

㈜소룩스 대표이사 김복덕은 6년 동안 직장생활을 하다 그의 나이 서른에 창업하였다. 그는 그의 아내와 직원 2명과 함께 10평도 안 되는 조그만 사무실에서 '조명기구 사업'을 시작하였다. 그의 성실함과 진정성은 창업 초기의 어려움을 극복하게 한 강력한 자산이었다. 또한 시시각각 변화하는 환경에 대한 적극적인 대응은 사업 확대의 기반이 되었다. 끊임없는 기술혁신으로 연평균 500억 원 이상의 매출을 달성하고 있으며, 2021년 매출 1,000억 원 달성을 목표로 열심히 뛰고 있다. 그가 생각하는 최고의 가치는 '조명시장의 발전과 고용창출 기여'에 있다.

샐러리맨에서 스타트업 CEO에 도전하다

김복덕 대표는 1994년 10월, 6년간 정들었던 회사에 사표를 냈다. '창업'을 하기 위해서였다. 처음엔 그의 아내가 극구 반대하였다. 결혼한 지 얼마 되지 않아 남편이 '사업'을 한다고 하니 성공의 확신이 없는 상태에서 '불안'이 무척 컸을 것이다. 그러나 그의 끈질긴 설득에 아내는 든든한 우군이 되어주었다.

그가 몸담았던 회사는 삼성에서 TV를 만드는 과정에 필요한 검사 장비를 만들었다. 그러나 입사 후 2년이 지났을 때 조명기구에 들어가는 '전자식 안정기'를 생산하기 시작하였다. 사장이 지인과의 '동업'을 시작한 것이다. 이것이 그가 '조명기구'와 인연을 맺게 된 계기가 되었다.

그의 회사는 자금과 생산을 담당하고 동업 회사는 개발과 영업을 맡기로 하였다. 얼마 되지 않아 수억 원어치의 제품을 대기업에 납품하였다. 처음에는 모든 것이 순조로웠다.

그러나 파트너 회사는 수억 원의 결제를 차일피일 미루다 갑자기 대표가 잠적하였다. 수억 원의 손실과 재고로 인하여 심각한 위기를 맞게 되었다.

당시 그는 주도적으로 위기 상황을 타개하였다. 제품 인증을 새로

받았고, 제품 박스를 들고 용산, 청계천에 있는 전자상가를 돌아다니며 영업을 뛰었다. 그를 비롯한 직원들이 혼신의 노력을 다해 뛴 덕분에 3년 만에 위기를 극복하였다. 회사가 안정되고 연 매출 30억 원을 달성하게 되었다.

업무를 주도적으로 수행하면서 그는 회사의 발전에 대해서도 많은 고민을 하였다. '조명기구 업체에 '부품'만을 납품하는 것은 회사의 성장에 한계가 있다.'고 판단하였다. 또한 일부 업체는 재정상태가 좋지 않아 회사에 위험요인이 될 수 있었다. 그는 대표에게 회사의 비전에 대해 조심스럽게 건의하였다.

"사장님, 우리 회사도 직접 조명기구를 만들면 어떨까요?"
"자네가 지금까지 적극적으로 일한 것은 인정하지만, 또 다시 새로운 사업을 시작해서 힘들어지고 싶지 않네."

사장은 절대 안 될 일이라고 거절하였다. 전자식 안정기 생산을 하면서 회사가 어려워진 경험이 있어서 새로운 시도에 대하여 무척 두려워하였다.

"우리가 납품하는 회사 중 재무상태가 좋지 않은 업체도 많습니다. 그리고 전자식 안정기를 만들면서 나름대로 노하우도 생겼으니 직접 조명기구를 생산하는 것이 우리 회사에 큰 도움이 될 것입니다. 충분히 승산이 있습니다. 최선을 다하겠습니다."

그는 몇 번이나 간곡하게 요청했지만 사장은 끝내 받아들이지 않았다.

그는 '조명기구 제조'가 새로운 사업기회라고 생각하였다. 그래서 사표를 쓰고 자신이 직접 창업하기로 결심하였다. 10평도 안 되는 조그만 사무실을 얻었다. 사무실 경리 업무는 만삭의 아내가 맡았다. 직원 2명도 채용하였다. 창업 초기의 회사는 모두 마찬가지겠지만 무척 어려운 것이 현실이다. 그러나 큰 힘이 된 것은 전 직장에서 그가 보여준 성실함과 열정이었다. 그와 일을 했던 여러 회사에서는 까다로운 조건 없이 자재와 제품을 공급해주었다.

그는 한 달에 10일 이상 지방을 다니면서 고객들을 만났다. 성실함과 진정성을 고객들에게 보여주면서 노력한 결과, 회사는 1년여 만에 자리를 잡게 되었다.

변화에 적극적으로 반응하다
1997년도만 해도 조명기구는 주로 전기공사 업체에서 일괄 도급, 수주하는 방식이었다. 그러다 보니 조명업체에 대한 대금결제가 제때 이루어지지 않는 경우가 많았다. 도급금액의 70~80%에 '재도급'을 받기 위해 조명기구 업체들끼리 '덤핑'[2]도 빈번하였다. 1997년 정부에서는 불합리한 유통구조를 인식하고 품목별 분리발주 제도를 도입하였다. 그는 이 기회를 놓치지 않았다. 전국 공공기관에 다니면서 자신이 생산하는 '사무용 형광등기구' 기술과 품질의 우수성을 설명하였다. 환경개선 사업을 시작한 교육청에서부터 조달청을 통한 구매가 시작되면서 그의 회사도 많은 혜택을 받았다. 제품의 우수성을 인정받은 것이다. 특히 1997년 IMF 외환 위기의 파고가 높았지만 큰 어려움 없이 지나갈 수 있었다. 일찍 부실 거래처를 정리하고 양질의 거래처를 확보한 덕분이었다.

그러나 시간이 흐르면서 주력생산 품목인 '사무용 형광등기구'는 낮은 진입장벽으로 점점 한계에 도달하고 있었다. 중소기업들의 출혈경쟁으로 제품 가격이 지속적으로 하락하였다. 2002년 그는 급격하게 성장해 나가는 주택건설 시장과 그에 따른 '주거용 조명기구' 수요 증가에 주목하였다. 회사 조직을 과감하게 개편하였다. 이에 맞춰 회사명을 '소룩스'로 바꾸었다. "소룩스는 Solar와 Lux의 합성어로 가장 이상적인 자연의 빛을 만들겠다."는 그의 의지가 담겨 있다. 이를 뒷받

---

2) 채산을 무시하고 싼 가격으로 상품을 투매하는 일, 경쟁자의 출현을 방지하기 위해 손실을 감수하면서 판매하는 일 등을 말한다.

침하기 위하여 조명연구소를 만들고 우수한 디자이너, 전기·전자 연구원들을 영입하며 신제품 개발에 박차를 가하였다.

2005년 새로운 환경에 빠르게 적응하기 위해 '사무용 형광등기구'의 수주와 생산을 전면 중단하였다. 배수의 진을 치고, 지면 곧 끝장이라는 각오로 싸움에 임하기로 하였다. 기존의 사무용 형광등 생산 시설을 '주거용 조명기구' 생산 시설로 바꾸었다. 품질을 인정받아 대형 건설사 여러 곳으로부터 수주가 확대되기 시작하였다. 과감한 투자도 단행하였다. 2007년도에 원주에 부지를 매입하고 공장 자동화 설비를 구축하였다. 주택 조명회사로 완벽하게 변신하게 된 것이다.

그 사이 주택용 조명기구 시장도 형광등기구에서 LED 조명기구로 급속하게 개편되기 시작하였다. 원주공장의 생산시설만으로는 수주와 생산을 감당하기 어려웠다. 2016년에는 LED 조명기구를 생산하다가 도산한 공주공장을 인수하였다. 2017년에는 우수한 연구인력 확보를 위해 서울 강서구 마곡 산업 단지에 2,000여 평의 연구소를 준공하여 입주하였다. 조직을 건설회사 위주의 B2B 사업부, 소매를 담당하는 B2C, 해외사업부 등 5개 사업부로 확대 개편하였다. 발 빠른 대응으로 회사 매출액도 연간 300억 원대에서 500억 원대 후반으로 성장하였다. 이는 그가 트렌드 변화에 끊임없이 반응했기 때문이다.

돌다리도 두들겨보고 건너라

어느 정도 사업이 자리 잡히고 '성공가도'를 달리고 있다는 환상에 사로잡혀 있을 때였다. 2009년 리먼 브러더스 사태[3]로 세계 경제는 하강 곡선을 그리기 시작하였다. 주택시장은 2011년까지 극심한 침체기였다. 300억 원 이상을 기록하던 매출액도 200억 원대 초반으로 급격하게 줄어들었다. 그는 줄어든 매출액과 편중된 건설회사 매출구조를 개선하기로 하였다. 2012년 에너지사업본부를 신설하고, 에너지 절감 전문사업(에스코사업)[4]을 시작하였다. 30억 원을 들여 전북 익산 섬유공장에 폐플라스틱 연료를 사용해서 스팀을 공급하는 발전소를 준공하였다. 그러나 잘못된 수익구조 계산으로 운영할수록 적자가 누적되었다. 결국 2015년에 수십억 원의 손실을 본 후 거의 '고철 가격' 수준으로 발전소를 간신히 매각하였다.

그가 새로운 사업에 대한 충분한 공부가 되지 않은 상태에서 무리하게 투자한 것이 화근이었다. 그는 '단기 실적'에 지나치게 집착하였다. 그동안 일이 너무 잘 풀려 교만해진 것이다. 앞으로도 계속 잘될 것이

---

3) 리먼 브러더스 사태의 발생 원인으로 2007년부터 시작된 미국 부동산 가격 하락과 이에 따른 서브프라임 모기지론(비우량주택담보대출) 부실이 지목된다. 미국 투자은행 리먼 브러더스가 2008년 9월 15일 뉴욕 남부법원에 파산보호를 신청하면서 글로벌 금융위기의 시발점이 된 사건이다.

4) 에스코사업(Energy service company, ESCO)은 에너지 절약사업을 뜻한다. 전기, 조명 등 ESCO로 지정받은 에너지 전문업체가 특정 건물이나 시설에서 에너지 절약시설을 도입할 때 우선 시설을 설치하고, 여기서 얻어지는 에너지 절감예산에서 투자비를 분할 상환받도록 하는 방식을 말한다.

라 생각하였다. 그는 철저한 준비 없이 시작한 사업이 얼마나 위험한 일인지를 절감하였다. 새로운 사업을 추가하는 때는 반드시 태스크포스(Task Force)를 만들어 사업 타당성 분석을 통해 사업성이 확실하게 '검증'되었을 때 추진하여야 한다는 것을 느꼈다.

그는 다음과 같이 조언한다.

"CEO의 '시행착오' 한 번으로 '공든 탑'이 순식간에 무너질 수 있어요. 아무리 시간이 걸리더라도 반드시 '시뮬레이션'을 해야 합니다. 회사가 잘못되면 회사에 몸담고 있는 직원들과 그 가족들에게도 엄청난 고통을 줄 수 있습니다. CEO의 결정은 정말 신중해야 합니다."

나는 예외라는 교만은 버려라

창업 초기의 어려움을 극복하고 사업이 어느 정도 정착되기 시작할 때 즈음, 그는 회사의 미래에 대하여 고민하기 시작하였다. 제품을 사다가 파는 것으로는 회사 성장에 한계가 있기 때문이었다. '유통'에서 '제조'로의 전환을 심각하게 고민하였다.

그러던 차에 그의 회사에 제품을 제조·공급하는 S 사장으로부터 회사를 합병하자는 제의가 들어왔다. 처음에는 전 직장에서의 '동업'에 대한 좋지 않은 경험 때문에 많이 망설였다. 그러나 그는 "자신은 다른 사람과 다르다."고 생각하였다. 합병을 결정하였다. 그러나 왜 많은 사람들이 동업을 부정적으로 생각하는지를 알게 되는데 그리 오랜 시간이 필요하지 않았다. 그는 관리와 마케팅을 맡았고 S 사장은 제조, 생산관리를 맡았다. 그러나 기존의 S 사장이 판매하던 거래처에서 수금이 지연되거나 부도가 발생하기 시작하였다. 그는 "회사가 부실화 되는 것을 막기 위해 거래 회사에 대한 모니터링이 필요하다."고 주장하였다. 회사의 운영 및 관리 등 모든 부문에서 서로의 생각과 경영 방식이 맞지 않았다. 갈수록 갈등의 골이 깊어졌다. 1년 여 만에 S 사장과 동업관계를 청산하기로 하였다. 동업자 지분 전량을 인수하였다. 고용 유지를 하면서 부실 거래처를 정리하다보니 재정적으로 회사가 힘들어졌다. 충분한 검토 없이 한 섣부른 '동업'이 많은 상처를 남겼다. 기술보증기금에 회사 상황을 진솔하게 설명하고 운영자금을 보증받았다. 재무적인 안정을 찾기 시작하였다.

'동업'은 서로의 '이해'가 상충될 소지가 매우 크다. 그렇기 때문에 확실하게 준비되지 않은 상태에서 하는 동업은 매우 위험하다. 투자금액, 업무분담, 수익분배, 의사결정 방법 등 고려해야 할 사항이 매우 많다. '동업'을 감정적으로 치우쳐 접근하면 실패할 확률이 높다. 꼭 하여야 한다면 "일종의 계약관계로 동업하여야 한다."고 조언한다. 물론, 쌍방에 대한 '신뢰'가 바탕이 되어야 한다.

성공적인 경영을 위한 원칙 몇 가지

성공적인 삶을 살기 위해서는 엄격한 '자기관리'가 필요하다. 그가 지키고 있는 '경영 원칙' 몇 가지를 소개한다.

첫째, 그는 'CEO는 꾸준한 운동과 끊임없는 학습을 통해 건강을 철저히 관리해야 하며, '지식인'으로서도 열심히 공부해야 한다.'라고 생각한다. 주 5일은 매일 2시간 이상씩 반드시 운동한다. 최신 정보와 지식을 놓치지 않기 위해 업무와 관련된 세미나나 워크숍 등은 적극적으로 참석한다. 또한 바쁜 시간을 쪼개가며 책을 읽는다. CEO의 몸과 마음이 건강해야 정확한 판단력과 식지 않는 열정을 유지할 수 있기 때문이다.

둘째, 그는 '소통'을 매우 중요시 여긴다. 전 직원은 모든 경영 상황과 매달 발표되는 성과 등을 공유한다. 회사가 무엇을 필요로 하고 보완해 나가야 하는지 적극적으로 의견을 나눈다. 공유와 소통이 잘되니 '내부 협력'은 두말할 필요가 없다. 또한 그는 외부와도 열린 마음으로 대화한다. 자신의 입장이 아닌 상대방의 입장에서 사안을 생각하려고 노력하다 보니 대외 관계도 매우 원만하다. 이것이 쌓여 '평판'이 되고 어려움에 처해 있을 때 도리어 도움을 받을 수 있는 '발판'이 되었다.

셋째, 그는 매사에 감사한다. 회사 경영에 있어 자신의 잘못된 의사

결정뿐만 아니라 외부 환경 변수 등으로 어려움에 빠지는 경우가 있었다. 그때마다 많은 사람들의 도움과 배려가 있었기에 잘 헤쳐 나올 수 있었다. 특히, 직원들의 헌신적인 노력과 희생으로 역경을 잘 극복할 수 있었다. 모든 사람들에게 항상 감사한 마음이다.

그에게 성공요인을 물으니 다음과 같이 겸손하게 답변하였다.

"나는 지금 성공하였다고 생각하지 않습니다. 지금도 많이 부족합니다. 다만, 샐러리맨 시절에 CEO처럼 생각하고 행동하는 습관이 나에게 '기회'를 가져다준 것 같습니다. 처음부터 CEO를 꿈꾸지는 않았습니다. 그러나 주도적으로 열심히 일하다 보니 CEO가 된 것 같습니다."

샐러리맨과 CEO는 차이가 많이 있는 것 같았다. 그에게 어떤 점에서 크게 다른지 질문하였다.

"책임감에서 다른 것 같아요. 나에게 딸린 식구들이 많다 보니 무한한 책임감을 느낍니다."

그는 지금도 열심히 공부하고 있다. 시장의 변화에 항상 유연하면서도 단호하게 대응하려고 노력하고 있다. 세계 조명시장에서 얼마나 큰 '가치'를 그리게 될지 ㈜소룩스의 미래가 기대된다.

3

20~30년 후를 바라보며 미래를 준비하라

에너지는 절박한 사고에서 나오는 거예요. 경쟁이라는 것이 국내 회사끼리 하는 것이 아니라 우리나라에서 국제경쟁을 하는 거예요. 각국에서 물밀듯이 제품이 들어오잖아요. 우리나라 회사는 나가서 국제경쟁을 하고 그러잖아요. 이런 경쟁에서 살아남을 수 있기 위해서는 요즘 말하는 혁신이 필요해요. 바뀌지 않으면 살아남을 수 없어요.

㈜대진코스탈 회장 강태욱은 1970년대 우리나라의 산업화로 사무기기 제조업이 블루오션이 될 것으로 직감하였다. 국내 최초로 '자동윤전등사기'를 개발하면서 사무기기 사업에 본격적으로 진출하였다. 1980년대 복사기, 타자기 등 많은 사무기기가 등장할 무렵 국내 최초로 꽃가루형 '문서세단기'를 출시하였다. 정보화 시대로의 전환에 따른 '정보보안'의 중요성을 예측하고 이를 미리 준비함으로써 사업 도약의 기반을 마련하였다. ㈜대진코스탈은 문서세단기를 최초로 개발한 독일을 비롯하여 미국, 일본 등 세계 20여 개국에 수출하고 있으며, 그 누적 수출액이 2,500만 달러에 달하는 세계적 강소기업이다.

새로운 시각에서 기회를 찾다

강태욱 회장은 미군 부대에서 직장생활을 시작하였다. 그곳에서 미군들이 사무기기를 통해 사무 행정을 신속하고 능률적으로 처리하고 있음을 알게 되었다. 우리나라도 산업이 발전되면 신속하고 능률적인 사무 처리를 위해서 사무기기의 수요가 폭발적으로 늘어날 것으로 생각하였다. '사무기기 제조'가 블루오션이 될 것으로 직감한 것이다. 1968년 다니던 직장을 그만두고 사업을 시작하였다. 그러나 생각처럼 사업이 쉽지 않았다. 두 차례 시도한 '사무기기 사업' 모두 실패하였다.

두 번의 실패 후 도전한 것은 '자동윤전등사기' 사업이었다. 시중에 나와 있는 모든 등사기들을 분해하고 문제점을 분석하였다. 기존 제품의 문제를 개선한 획기적인 제품을 시장에 내놓으면 성공 가능성이 높을 것으로 확신하였다. 당시 제품들은 여러 가지 여건 때문에 불편한 점이 많았다. 유통되는 종이의 질은 요즘과 비교할 수 없을 정도로 열악하였다. 여름이면 더위 때문에 잉크가 흘러나오고 겨울에는 잉크가 얼어 등사가 되지 않는 등 많은 문제가 발생하였다.

"1970년대에는 등사판을 썼어요. 그 시절만 해도 관공서라든지 학교에 '필경사'가 있었는데 손으로 직접 쓴 후 이를 등사판에 인쇄해 서류나 시험지 같은 것을 찍어내곤 했습니다. 그런데 그 작업이 여간 불편한 게 아니었어요. 이런 작업을 자동으로 할 수 있는 기계를 만든다면 충분히 승산이 있겠다 싶어 사업에 뛰어들었습니다."

그는 3년 만에 '자동윤전등사기' 개발에 성공하게 된다. 국내 최초로 자동윤전등사기를 상품화한 것이다. 폭발적인 인기를 끌었다. 우수한 품질을 인정받아 당시 내무부, 국방부, 농협중앙회 등에 행정장비로 납품되었다. 또한 말레이시아, 인도네시아 등지로 수출되며 회사가 급속도로 성장하게 되었다.

중소기업, 선견지명만이 살길이다

1980년대에 들어오면서 분당 6~7매 출력이 가능한 복사기가 등장하였다. 그가 생산하는 '자동윤전등사기'는 직격탄을 맞을 가능성이 컸다. 이러다가는 도태되고 말 것이라는 생각이 들었다. 위기의식을 느꼈다. 새로운 사업에 대한 고민을 시작하였다. '문서세단기' 사업의 가능성에 주목하였다. 1982년 당시 '문서세단기'는 독일, 미국 등 일부 선진국에서 사용되고 있었다. 국내에서는 문서세단기라는 개념조차 없을 때라 '시장성'에 대한 수요 예측이 전혀 되지 않았다. 그러나 그는 연구개발에 수익의 대부분을 투자하였다. 직원들에게서 우려의 목소리가 나왔다. 그러나 그는 확신이 있었다. "10년 후를 바라봐야 한다."며 직원들을 설득하였다. 실패를 계속했지만 포기하지 않고 연구를 계속하였다. 드디어 순수 국내기술만으로 만들어진 문서세단기를 세상에 내놓게 되었다. 그러나 처음에는 제품이 전혀 팔리지 않았다. 주위에서는 그럴 줄 알았다고 얘기하는 사람들도 있었다.

"군은 보안이 중요하잖아요. 군수장비로 먼저 납품했어요. 그 다음에는 관공서 공급이 늘어나기 시작했어요."

그의 예측대로 1990년대부터 수요가 폭발적으로 증가하였다. 그것이 올바른 선택이었다는 것이 입증된 셈이다.

"컴퓨터 나오니 타자기가 없어진 것처럼 전자복사기가 나오니 등사기가 없어졌잖아요. 산업화 시대에서 정보화 시대로 전환되면 무엇보다도 정보보안이 중요하게 됩니다. 나는 이미 1980년대에 들어서자 그 생각을 했어요. 당시는 서류를 소각했잖아요. 그건 환경문제가 발생합니다. 그래서 정보 생산자가 사무실에서 직접 서류를 없앨 수 있도록 하자고 생각했어요. 또 남에게 시키면 소각하면서 정보를 다 볼 수 있으니까…."

그는 '세단기' 사업을 확장해 '미래 먹거리'를 찾았다. 하드디스크 유출은 엄청난 사회적 파장이 발생할 수 있다는 점에 착안하여 2014년 '사무실용 하드디스크 파쇄기'를 세계 최초로 개발하였다. 하드디스크 파쇄기를 만들자마자 수출을 시작하였다. 이어서 스마트폰, USB 등 모든 정보 저장매체를 파쇄할 수 있는 제품도 만들었다.

미래를 준비하지 못한 기업은 치열한 시장경쟁에서 살아남을 수 없다. 기업인들에게 필요한 것은 미래를 내다보는 안목과 도전 아닐까. 여러 가지 여건 때문에 새로운 사업에 대한 추진이 용이하지 않다는 이유로 달콤한 현실에 안주한다면 미래를 기대할 수 없다.

자신만의 전략을 가져라

중소기업을 경영한다는 것은 어려운 일이다. 그가 지금의 회사를 1974년에 창업했으니, 햇수로 45년이 되었다. 창업 당시 그가 생각한 '전략'이 있는지 물었다. 그는 다음과 같이 답변하였다.

첫째, 10년 이상을 내다보고 사업을 해야 한다. 남들이 생각하기 전에 미리 준비하고 오랫동안 정성을 다해야 성공하지 뒤늦게 사업에 뛰어들면 성공할 수 없다.

둘째, 기술적으로 남들이 따라하기 어려운 사업을 해야 한다. 즉, 대기업이 손댈 수 있는 사업은 절대 하면 안 되고, 경쟁업체가 쉽게 모방할 수 있는 제품을 '사업 품목'으로 선택해서도 안 된다.

셋째, 대금결제가 잘되는 사업을 해야 한다. 많은 중소기업들이 망하는 이유는 민수 시장에서 돈을 못 받기 때문이다. 학교, 관공서 등에서 수요가 많을 것으로 생각되는 아이템을 선택해서 사업하는 것이 좋다.

개발 당시 '문서세단기'는 국내 시장에서는 생소한 제품이었다. 당시 종이 문서의 '폐기'는 소각장에서 서류를 불태우는 것을 의미했기 때문이다. 제품을 팔기 위한 그의 '전략'에 대해 물었다. 그는 다음과 같이 답변하였다.

"판매하러 가서 사달라고 하면 누가 사주나요? 그래서 영업직원들에게 다음 사항을 주지시켰어요.

첫째, 판매를 위해서는 신뢰가 있어야 한다. 둘째, 신뢰는 성의에서 나온다. 신뢰는 판매를 낳고, 성의는 신뢰를 낳는다. 한 번 가서 거절하면 두 번 가고, 두 번 가서 거절하면 세 번 가고, 세 번 가서 거절하면 네 번 가라. 끊임없이 성의를 보여라. 우리 속담에 성의를 봐서 해준다는 말이 있다. 남의 제품을 험담하지 말고, 우리 제품만 잘 설명해라. 수요자가 필요로 하는 유익한 점을 잘 설명해야 한다. 무엇보다 논리가 정연해야 한다."

'자동윤전등사기'에 이어 '문서세단기'가 연속으로 성공하여 부채 제로, 무차입 경영이 가능하게 되었다. 1998년 김대중 정부가 들어서자 IT벤처 바람이 거세게 불었다. 소위 돈방석에 앉은 기업들도 많았다. 주위에서도 그런 기업들이 많았을 텐데 그가 IT사업 등 다른 사업에 대해 관심을 가지지 않은 이유가 무엇인지 질문하였다.

"자기가 모르는 사업을 하면 안 됩니다. 잘 아는 사업을 해야 합니다. 사무기기하는 사람이 건설업을 하면 되겠습니까? 또 전자제품 등 변화가 빠른 것은 잘하기 어려워요. 중소기업이 그 범주를 벗어나면 꼭 망합니다. 내 주변에 사라지는 기업들을 많이 봤어요. 잘된다고 해서 막무가내로 확장해서 어려워지면 어떻게 할 겁니까? 사장은 혼자가 아닙니다. 회사가 잘못되면 직원들은 어디로 가야 합니까?"

그는 목소리를 높이며 말을 이었다.

"IT 등의 제품에 손대지 않는 이유는 '라이프 사이클'이 너무 짧기 때문이에요. 아이디어 제품을 하나 냈는데 그 후속타가 없으면 회사 문을 닫게 됩니다. 또 대기업이 손댈 것 같은 제품은 안 됩니다. 대기업이 만들어서 TV 광고를 시작하면 손을 쓸 수 없잖아요. 대기업은 대중적인 상품을 취급해야 하고 중소기업은 문서세단기와 같은 특수 상품을 취급해야 합니다. 시장이 크지 않아요. 내가 중소기업을 시작할 때 생각한 거예요."

'자동윤전등사기', '문서세단기'에 이어 '하드디스크 파쇄기' 등이 모두 그의 '아이디어'에서 '제품화'되었다. 그의 지치지 않는 아이디어가 어디에서 나오는지 물었다.

"에너지는 절박한 사고에서 나오는 거예요. 경쟁이라는 것이 국내 회사끼리 하는 것이 아니라 우리나라에서 국제경쟁을 하는 거예요. 각국에서 물밀듯이 제품이 들어오잖아요. 이런 경쟁에서 살아남기 위해서는 요즘 말하는 혁신이 필요합니다. 바뀌지 않으면 살아남을 수 없어요. 조그만 중소기업에서 직원들에게 혁신을 요구하면 안 돼요. 사장이 절대 안주하면 안 됩니다. 무책임한 경영으로 직원들이 퇴직하면 어디로 가야 합니까? 새로운 발전 모델을 못 만들면 도태되잖아요. 필름의 대명사였던 '코닥'이 그렇게 되었고, '노키아'는 또 어떻게 되었습니까? 최고에서 최하로 단숨에 추락해 버렸잖아요. 중소기업을 창업해서 성공한 사람들 모두 고생을 많이 했습니다. 이제는 어떻게 살아남느냐가 더 중요합니다."

최근에는 4차 산업혁명 시대 흐름에 발맞추어 그는 지금 운영하고 있는 공장을 '스마트팩토리'로 전환하기 위해 열심히 뛰고 있다. 누구나 일하고 싶은 '100년 기업'을 이루는 것이 그의 꿈이다.

4
미치려면 제대로 미쳐라

나는 이 일을 시작하고 단 한 번도 후회한 적이 없습니다. 더 잘해야겠다는 반성을 한 적은 있지만, 이 일에 제 인생을 걸었기 때문에 자부심도 남다릅니다. 솔직히 남이 들으면 웃을지 몰라도 나는 재계 1위 기업도 부럽지 않습니다. 내 삶 전부를 황토벽돌 하나에 올인했고, 지금은 이런 내 자신에게 100% 만족합니다.

㈜삼한씨원 회장 한삼화의 청년 시절 꿈은 가난에서 벗어나는 것이었다. 약국 점원으로 시작하여 제약회사에서 10년 동안 샐러리맨 생활을 하였다. 어느 날 황토벽돌의 매력에 빠져 1978년 '벽돌사업'에 뛰어들었다.

1994년과 2003년 3D 업종에 무리하게 투자한다는 비난에도 굴하지 않고 450억 원을 투자하여 최첨단 무인 자동화 공장을 설립하였다. 그가 생산하는 '황토벽돌'의 품질은 세계 최고 수준을 뛰어넘는 것으로 평가받는다.

남이 가지 않는 길을 가라

한삼화 회장은 가난한 농부의 6남매 중 차남으로 태어났다. 그가 8살이 되던 해 아버지가 돌아가시는 바람에 어머니 홀로 6남매를 키워야 하였다. 그의 어머니는 낮에는 논밭에 나가 일했고, 밤에는 6남매의 옷을 기웠다. 입에 풀칠하기조차 버거웠던 시절, 가난한 어머니가 자식들에게 물려줄 것은 아무것도 없었다. 그는 너무 가난해 정규교육조차 마치지 못하였다. 어머니가 홀로 감당해야 했던 '가난'이라는 짐은 그가 어떻게 살아가야 할지를 가슴 깊이 새겨주었다. 그는 가족이 배불리 먹는 것, 평생 자식들의 끼니를 걱정하며 살았던 어머니를 '호강'시켜 드리는 것이 간절한 꿈이었다.

그는 19살에 대구에 올라와 약국 점원을 하였다. 아침 7시에 약국 문을 열고 밤 12시 통금시간에 문을 닫았다. 몸이 무척 고단했지만 무엇보다 고통스러운 것은 한창때의 배고픔을 참는 것이었다. '배고픔'만큼 서러운 게 없었다. 단지 배불리 먹고 싶었고, 가난에서 벗어나는 것이 그의 바람이었다. 아무리 힘들어도 어머니의 삶을 생각하면 견딜 수 있었다. 1969년 군대를 제대한 후 의약품 유통회사에 취직하였다. 자전거를 타고 배달을 하고, 약국과 병원을 다니며 영업을 하였다. 누구보다도 부지런하게 일을 하였다. 누구보다 성실했기에 '영업 실적'이 매우 좋았다. 그 후 제약회사의 대구·경북·부산지역 판매 총괄을 맡게 되었고 판매 실적 1위를 달성하였다. 그 스스로도 '약쟁이'라고 자부하였다. 먹고살만해졌고 생활도 안정되었다. 어머니도 무척 그를 자랑스러워하였다. 무척 행복한 시절이었다.

그러던 중 1976년경 우연한 기회에 '벽돌'과 인연을 맺게 되었다. 그가 투박한 황토벽돌의 '매력'에 마음이 끌린 것이다. 현대인들이 시멘트로 지어진 주거 공간과 건물들에 갇혀 살고 있지만, 결국에는 친환경 황토벽돌을 찾게 될 것이라는 생각이 들었다. 1978년 삼한상사를 설립하고 '벽돌사업'을 시작하였다. 사람들은 그가 당연히 '시멘트벽돌사업'을 할 것이라고 생각하였다. 시멘트벽돌로 아파트를 짓던 시절이었기 때문이다. 그러나 가능성을 점칠 수 없는 회사를 하겠다고 하니 주변 사람들이 그를 만류하였다. 이때부터 그는 벽돌에 대해 본격적으로 연구하기 시작하였다. 주말이면 논산, 제천, 천안 등 전국을 누볐다. 황토벽돌의 생명은 좋은 흙이기 때문이다. 그는 장화를 신고, 야전삽을 들고 온 산을 헤맸다. 벽돌 유통과 판매에 자신감을 갖게 되자 1986년 경북 울진에 있는 한보그룹 소유 벽돌공장을 인수하여 직접 벽돌 생산에 나섰다.

그에게 왜 굳이 '시멘트벽돌' 아닌 '황토벽돌'을 선택했는지 물었다.

"이상하게 그땐 흙이 좋았어요. 어머니 품 같은 느낌이었어요. 사람들이 잘살게 되면 다시 '황토벽돌'을 찾을 것이라는 확신이 있었어요."

말이 쉽지 남들이 선호하지 않는 사업이나 일에 뛰어들기 위해서는 과감한 결단력이 필요하다. 또한 정보도 많지 않아 더 많은 시간과 노력을 투자해야 한다.

상식을 깨는 투자, 최고를 꿈꾸다

그는 10년 넘게 전국의 좋다는 '흙'은 다 보러 다녔다. 그러다 그는 경북 예천의 흙과 자연경관을 보고 뛸 듯이 기뻤다. 그곳에는 주변 농지를 훼손하지 않고도 하루 30만 장씩 1세기 이상 만들고도 충분한 양질의 황토가 매장되어 있었다. 3만 5천 평의 공장 부지를 지체 없이 매입하였다. 원하던 땅을 사고 나니 무엇보다 생산설비에 대한 고민이 컸다. 국내 대다수가 쓰고 있는 설비는 생산과 품질 면에서 뒤떨어졌기 때문이다. 흙을 찾아헤매듯이 전 세계 벽돌회사를 방문하기 시작하였다. 스위스, 이탈리아, 캐나다, 호주, 독일, 미국 등을 돌아다녔다. '최고 제품'만이 살아남는다고 생각하였다. 이탈리아에 있는 세계적 기계회사인 '모란도(MORANDO)' 사의 자동화 설비를 도입하기로 하였다. 공장 규모대로 투자하려면 150억 원이 소요되었다. 그는 은행에서 대출하여 이를 충당하기로 하였다. 모두 무모한 결정이라고 하였다. 그는 최고의 건축물에 쓰일 황토벽돌의 중요성과 앞으로의 가능성을 은행에 적극적으로 설명하였다. 서울 본점과 지점을 수십 차례나 오갔다. 얼마나 많은 퇴짜를 맞았는지 모른다. 그러나 그는 좌절하지 않았다.

선택의 갈림길에서 어느 길을 가야 할까?
가급적이면 남들이 많이 가지 않는 길을 가는 것이 좋다.
가지 않은 길에 대한 후회가 남지 않을 그 길을 가야 한다.

"1년에 30억 원 매출을 올리는 기업이 150억 원짜리 공장을 짓는다는 것이 상식적인 발상이오?"

"우리나라도 벽돌 선진국들처럼 컴퓨터로 흙을 가공하고, 1,250℃의 불로 구워서 탱크가 지나가도 부서지지 않고, 천년이 가도 부서지지 않을 그런 벽돌을 만들어야 합니다."

"벽돌산업은 대표적인 3D 업종인데, 그런 벽돌공장에 150억 원을 투자하는 것이 제정신을 가진 사람이 할 일입니까?"

"세계 최고의 품질을 자랑하는 황토로 세계에서 가장 아름다운 황토벽돌을 만들고 싶습니다."

기다림이 계속되던 어느 날 은행에서 공장 건설자금 150억 원 대출이 승인되었다는 연락이 왔다. 그의 정성에 감복한 것이다.

그는 자신도 모르게 환호성을 질렀다.

"됐다! 이제 됐어!"

1994년 3만 5천 평의 부지에 5,200평 규모의 공장 준공식을 하였다. 관계자, 마을 주민 등 수백 명을 초대하고, 준공식을 성대하게 개최하였다. 그의 옆에는 어머니가 있었다. 어머니는 아들의 성공에 기쁨의 눈물을 흘렸다. 그도 어머니를 보면서 눈물이 났다.

그의 눈높이는 언제나 '세계 최고'에 맞춰져 있었다. 2002년에는 독일 '링글(LINGL)' 사의 설비를 갖춘 제2공장을 증설하기로 하였다. 이번에는 설비 투자비용이 300억 원이나 소요되었다. 전혀 아깝지 않았다. 이제 최첨단 로봇 설비를 비롯해 컴퓨터 통합 자동화 시스템으로 공장이 운영되기 때문이다. 세계 최고의 '무인 자동화 생산 시스템'이 구축된 것이다. 국내 최대의 황토벽돌 생산 시대를 여는 한편, 고급화 다품종 제품 개발로 세계 최고 수준의 품질을 자랑하는 기업으로 우뚝 서게 되었다.

2003년 제2공장 준공식에는 그의 어머니를 모시지 못하였다. 그의 어머니가 2000년에 작고하였기 때문이다. 너무 아쉬워 눈물이 났다. 아무리 힘들어도 어머니 삶을 떠올리면 어려운 일을 해도 힘들다는 생각이 전혀 들지 않았다. 그는 "어머니의 정성이 나를 키웠다."라고 말한다.

예천 제1, 2공장 설비 투자액은 총 450억 원에 달하였다. 엄청난 뚝심이다. 제2공장을 증설하면서 세라믹(Ceramic) 업계의 넘버원(No.1)이 되자는 의미에서 회사명을 삼한씨원(C1)으로 변경하였다.

"사양 산업에 너무 많은 돈을 투자한다고 비웃는 사람이 많았지만, 나는 전혀 개의치 않았어요. 결국 벽돌업계 '최고 명품'으로 인정받기 시작하면서 IMF, 리먼 브러더스 경제 위기 때도 '불황'을 비껴갔어요."

그는 "기업은 무한한 경쟁력을 가져야 한다. 그러기 위해서는 한순간도 쉴 틈이 없다."라고 말한다. 벽돌업계에서 유례없는 과감한 투자를 지속해온 삼한씨원은 현재에 안주하지 않고 새로운 미래를 위해 기존의 1, 2공장 옆에 제3공장 증설을 준비하고 있다.

기업경영은 기본과 원칙을 지키는 것

특히, 벽돌산업이 '3D 업종'으로 평가받는 등 '고충'이 크기 때문에 '벽돌사업'을 시작하게 된 것에 대하여 후회를 한 적 있느냐는 질문에 그는 다음과 같이 말하였다.

"나는 이 일을 시작하고 단 한 번도 후회한 적이 없습니다. 더 잘해야겠다는 반성을 한 적은 있지만, 이 일에 내 인생을 걸었기 때문에 자부심도 남다릅니다. 솔직히 남이 들으면 웃을지 몰라도 나는 재계 1위 기업도 부럽지 않습니다. 내 삶 전부를 황토벽돌 하나에 올인했고, 이런 내 자신에게 100% 만족합니다."

먹고살기도 힘든 시절이었지만 방황하지 않고 열심히 살아온 그는 청년을 위한 교훈 한마디 해달라는 요청에 다음과 같이 조언한다.

"인생을 살아보니 어렵지 않은 시대가 없었던 것 같습니다. 힘든 어린 시절을 보냈지만 어머니를 생각하며 이겨냈습니다. 청년들에게 '삼근계(三勤戒)'의 교훈을 주고 싶습니다. '부지런하고, 부지런하고 또 부지런해라. 그러면 못할 일이 없다'라는 뜻입니다."

많은 경영자들이 직원관리에 많은 어려움을 겪고 있는데 그만의 특별한 원칙이 있는지 물었다.

그는 자신의 마음 깊은 곳에 간직하고 있는 '기본론'에 대한 철학을 꺼낸다.

"모든 것은 기본이 바르면 올바른 결과를 낳고, 간단하고 단순한 일이라도 기본을 망각할 경우 그 결과에 대하여는 누구도 장담할 수 없습니다. 공장이 깨끗해야 하는 것은 일의 가장 기본입니다."

기본이 안 되어 있는 공장에서 좋은 품질의 제품이 나올 리 없다.

그는 "세계 최고의 기업이 되려면 경영자 혼자가 아닌 직원들 스스로가 열정적으로 일에 몰두할 수 있어야 한다."라고 말한다. 그래서 1990년대 초부터 매년 직원들을 해외 견학을 보내고 있다. 해외 연수는 매년 5~10명씩 다녀온다. 이탈리아, 독일, 스페인, 미국, 호주 등 다녀온 나라가 지금까지 10여 개 국 이상 된다.

직원들은 안정적으로 임금을 지급받고 있으며, 학자금 지원 덕분에 자녀 교육도 걱정 없이 시킬 수 있다. 그래서 입사한 이후 중간에 퇴사하는 직원 수가 많지 않다. 평균 근무연수는 10년 이상으로 매우 높은 편이다.

마지막으로 '가업승계'에 대해 그에게 날카로운 질문을 던졌다.

"가업승계는 부의 대물림이 아니라 책임과 기술의 대물림입니다. 다행히 큰 아들이 황토벽돌 제조를 가업으로 이어가기 위해 경영 수업을 받았어요. 감사하게 생각하고 있습니다."

한승윤 사장은 1998년 8월 영업사원으로 입사해 벽돌 샘플 포장 작업부터 일을 배우기 시작하였다. 기획실로 발령을 받은 후에는 전시 기획, 자금 관리, 시스템 운영 등 밑바닥부터 단계적으로 업무를 제대로 배웠다. 한 사장의 꿈은 아버지의 '경영 철학'을 그대로 이어받아 삼한씨원을 '세계 초일류 황토벽돌 회사'로 키우는 것이다. 최고를 향한 그의 비전이 계속 이어지기를 바란다.

2장

도전하는 삶이 아름답다

"가장 위험한 삶은
위험을 회피하는 삶이다."

- 스티븐 코비 -

❗ 나를 확대하라

처음에 사업을 시작할 때 1인 창업도 많다. 혼자 북 치고, 장구 치고 다해야 한다. 그러다 사업이 잘되면 직원을 채용한다. 자신이 일을 다 못하기 때문에 자신을 대신해 일을 해줄 또 다른 '자신'을 채용하는 것이다. 내부 직원을 포함하여 중간 유통업자, 외주 가공업자를 비롯한 최종 소비자까지도 '또 다른 나'로 확장된다. 그들이 나를 대신하는 진정한 '나'가 되기 위해서는 CEO의 솔선수범, 신뢰, 소통 등이 반드시 수반되어야 한다.

그러나 많은 기업의 CEO들이 그 외의 것들로부터 자신을 '단절' 또는 '분리'해서 생각하는 경향이 있다. 직원들에 대한 처우가 미흡한 이유, 물건을 팔기 전과 팔고 난 후의 서비스가 현격한 차이를 보이는 이유가 모두 이것 때문이다.

직원의 사기를 저하시키는 불만 요인으로 회사 정책, 작업 환경, 급여 조건 등이 있다. 이러한 불만을 해결하기 위해 직원들에게 회사의 경영방침, 사업목표 등에 대한 충분한 정보제공과 이해를 통해 자발적인 관심과 참여를 이끌어내야 한다. 직원들의 목소리를 사전에 조사하고 이들의 의견이 반영되고 있음을 피부로 느낄 수 있도록 하여야 한다.

외부고객의 요구 또한 귀를 열고 들어야 한다. 가급적이면 고객들이 이야기하기 전에 적극적인 소통을 통해 이를 반영하여야 한다. 잘되는 회사는 직원, 협력사, 고객들이 자기 일처럼 도와준다. 제품의 문제에 대하여 같이 고민하고, 얘기해주고 앞으로 개선할 점도 알려 준다. 얼마나 고마운 일인가. 최종 소비자들의 만족도가 낮은 기업은 내부 고객 만족도도 낮다. 회사에 불만이 가득한 종업원이 생산하는 제품과 서비스의 품질이 좋을 리 없다.

'삶'도 마찬가지이다. 시야를 대한민국, 아시아, 지구, 우주로 확장하면 내가 가진 사소한 '걱정거리'들이 사라지고 어느새 더 '큰 가치'들을 발견하게 된다. 자신을 둘러싼 영역을 탈피하고 시선을 확대하는 것만으로도 행복을 느끼게 되고 인생의 가치들을 발견할 수 있다. 바라보는 시선에 따라 사고와 가치관이 달라진다. 가급적이면 시야를 멀리보고 사는 것이 좋다. 인생의 가치가 커지고 삶의 여유가 생기기 때문이다. 이것이 자신의 공간을 떠나 새로운 곳을 찾아 떠나는 여행과 같이 '시선의 여정'을 떠나야 하는 이유이다.

5

아무에게나 알려주지 않는 CEO가 되는 길

열정과 목표가 없으면 지금의 삶은 논두렁의 허수아비와 같다. 본인이 부모, 형제, 자식보다 소중하기에 두 발로 똑바로 서라. 내가 없으면 자식도 부모도 불행해진다. 목표를 세우고, 열정을 가져라. 리스크를 생각하면 명예는 자연히 얻어진다. 당신 자신이 가장 사랑스럽고 소중한 존재이므로 분명한 목표를 가지고, 목표에 필요한 지식을 습득하라. 어찌 개인 목표도 없는 임직원과 CEO가 회사 목표를 세우고 업무를 제대로 수행할 수 있겠는가?

㈜대우루컴즈 대표이사 윤춘기는 어린 시절 많은 '방황'을 하였다. 군 제대 후 그는 자신의 미래에 대해 진지하게 고민하였고, 그 이후 공부를 독하게 하였다. 적극적으로 목표를 향해 노력한 결과, 대우전자 모니터사업부의 신입사원으로 입사한 후 우수 직원으로 뽑히기도 하였다. 1999년 대우그룹 부도 후 모니터 사업부를 분사, ㈜대우루컴즈를 설립하였다. 이후 대우컴퓨터까지 인수 합병하였다. 창업 14년 만에 매출 1,000억 원을 달성하는 등 그 성장세가 매우 놀랍다.

어린 시절의 방황이 교훈으로

윤춘기 대표는 손재주가 많아 공고에 입학해 대학에 가려 하였다. 그러나 1학기 만에 자퇴하였다. 왜냐하면 도저히 실습만으로는 대학 진학이 불가능하다고 생각했기 때문이다. 그는 학교를 자퇴하고 검정고시를 준비하였다. 그러나 그것도 여의치 않아 1년을 허송세월하였다. 그는 제주까지 포함한 전국을 무전여행을 하며 6개월가량을 소모하였다. 당시 세상살이가 쉽지 않고 인생살이가 쓰다는 것을 느꼈다. 그렇게 예기치 않은 재수를 하며 인문계 고등학교에 입학하였다. 그러나 학교 공부에 흥미를 느끼지 못하였다. 목표 의식 없이 그럭저럭 학창시절을 보낸 탓에 4년 만에 고등학교를 졸업할 수 있었다. 그 후 어렵사리 지방에 있는 국립대학에 입학하였다.

나이가 들어 대학에 입학한 탓에 군대 영장의 연기가 불가능하였다. 대학 시절을 즐기지 못하고 곧바로 입대할 수밖에 없었다. 3년간의 군 복무를 마치고 1학년으로 복학하였다. 그때 자신의 미래를 위해 공부를 열심히 해야겠다는 생각이 들었다. 매일 새벽 5시에 일어나 자정까지 공부에 매달렸다. 그러한 노력의 결과, 당시 처음 시행된 조기 졸업 제도의 조기 졸업자로 선발되어 동기들보다 빨리 졸업할 수 있었다. 좋은 성적 덕분에 대우전자에도 입사하게 되었다.

"2년이라는 방황의 시간이 있었기에 동기보다 늦은 나이에 입사하게 되었어요. 그러나 '지방대'라는 핸디캡이 있었기에 더 철저하게 공부하고, '배움'에 최선을 다하려고 했어요. 이러한 노력의 결과, 2년에 한 번 꼴로 '특별 호봉'을 받는 우수 직원이 되었어요. 이 당시에 가장 큰 투자는 '지식에 대한 투자'였어요. 야간에 대학원도 다녔어요. 더불어 6개월 동안 기숙학원에서 출퇴근하면서 일본어도 익혔습니다. 나의 지식과 미래를 위해 투자한 시기였습니다."

위기 상황에서 새로운 목표에 도전하다

그렇게 그가 대우그룹에서 나름의 목표를 가지고 성장하고 있을 때, 1997년 대한민국은 외환위기를 맞았다. 대우그룹 부도로 각 계열사가 해체되었다. 그때 대우전자 모니터 사업부에서 사업기획을 담당하던 그는 삼성전자와의 빅딜을 강력하게 반대하였다. 계열사인 '오리온전기㈜ 모니터 사업부'와 합병하기 위해 노력했으나 결국 독자생존의 길을 모색해야만 하였다. 그 당시 대우전자의 국내 판매는 하이마트가 전담하고 있었다. 회사 내부에는 별도의 국내 판매 조직이 없었다. 그는 IT 특성상 직판을 활성화해야 사업부가 생존할 수 있다고 믿었다. 그래서 국내 판매조직이 있어야 한다고 주장하고 국내 영업팀 신설을 추진하였다.

국내 영업팀장 선임을 놓고 그 당시 사업부장(전 대우전자 사장)과 의견이 대립되었다.

"국내 영업팀장 자리를 저에게 맡겨 주십시오."

"안 되네, 지금과 같은 위기에 기획팀장인 자네가 영업팀장을 맡는다고?"

당시 사업부장은 황당하다는 표정으로 바라봤다.

"최초 기획자인 제가 고민을 많이 했기 때문에 잘할 자신 있습니다."

"영업은 전문분야네. 절대 안 되네."

기획팀장이 직접 영업을 한다는 것이 있을 수 없는 일이라 계속 만류하였다

"제게 3년만 주십시오. 영업이익을 150억 원으로 올리겠습니다."

사업부장의 입장은 완고하였다.

"우선 1년만 기회를 주십시오. 어떤 실적 변화도 안 보이면 그때 가서 바꾸셔도 되지 않습니까?"

결국 그의 의지대로 그가 국내 영업팀장이 될 수 있었다. 주변에서는 좌천되었다고 안타까워하였다. 하지만 그가 목표로 하던 대우전자 부문장이 되는 것이 사실상 불가능해진 상황에서 그는 새로운 목표를 위해 꼭 필요한 선택을 했던 것이다.

"내 인생목표를 수정하는 데 걸린 시간은 고작 한 달이었어요. 대우전자 부문장이 되는 꿈에서 아웃도어 골프연습장 운영, 외식 프랜차이즈 설립, 모니터 사업 중에서 3년 내 한 가지를 선택하여 '오너'가

되는 길을 택하는 것으로 목표를 바꾸었습니다."

당시 그는 자신이 선택한 목표를 위해 모니터 사업부에서 'CEO 실무 수업'으로 직접 영업을 하였다. 프랜차이즈를 배우기 위해 모 대학원에서 프랜차이즈 과정을 이수하였다. 또한 골프연습장 운영을 위해 수많은 사업 검토, 부동산 현장 조사를 진행하였다.

이렇게 '오너'가 되기로 결심한 그의 목표를 생각하면 국내영업 팀장자리는 그에게 행운이었다. 그것은 그에게 가장 큰 자산이 되었다. 국내 영업팀장 시절은 '리더'가 아니라 '영업초보'로서 팀원들에게 배우는 시간이었다. 영업부터 광고, 홍보, 개발, 공장 운영 등 전 부문에 대하여 기초부터 하나둘 알아갔다. 실무를 하는 팀원들과 소통하면서 그들에 대해서도 많은 것을 이해하게 되었다. 그는 "그 과정을 주방장이 되기 위해 설거지부터 배운 시간이었다."고 표현한다. 이는 경영의 기본기를 제대로 배운 시간이 되었다.

그는 선택지 중 업무의 연관성이 가장 높은 모니터 사업을 선택하였다. 자신이 보유한 업무지식으로 원가절감의 방법을 찾을 수 있다고 생각하였다. 무엇보다 손실이 컸던 해외시장 대신, 국내시장에 집중하는 한편, 위험을 최소화하는 방법 등을 처방하면 짧은 시간에 성과를 도출할 수 있다고 판단하였다. 그는 직원 29명과 함께 100% 본인

지분의 총 자본금 10억 원으로 모니터 사업부를 분사하였다. 그리고 2년 후 20%의 지분을 50% 할인된 금액으로 직원 모두에게 스스로의 선택과 결정에 따라 배분하였고, 종업원 친화기업인 종업원 지주제로 변경하였다.

또 한 번 위기에서 배운 값진 경험

2008년 전후, 리먼 브러더스 금융위기 당시에는 헤쳐나갈 방안이 막막하였다. 대부분 기업들이 큰 파도를 만났고, 대우루컴즈도 예외는 아니었다. 그는 IMF를 딛고 일어선 CEO 4명을 소개받아 회사의 치부를 다 알리고 자문을 구하였다. 한결같은 반응은 "다 죽일 것이냐, 아니면 일부라도 살리고 내일을 도모할 것이냐"를 결정하라는 것이었다. 그런데 그는 70여 명의 관리직 중, 고작 5명을 정리 해고하였다. 그 대신, 여신거래로 현금유동성이 나쁜 B2C사업을 과감히 정리하였다. 그 결과 2011년 매출이 사업 2년차 매출로 곤두박질쳤다. 이를 해결하기 위하여 정부조달 위주로 사업을 전환하면서 매출대금 회수 예측이 가능하게 되었다. 유동성이 좋아졌고 은행금리도 내려가게 되었다. 위기를 극복하며 회사 조직의 스피드가 살아났고, 할 수 있다는 자신감이 조직에 스며들기 시작하였다.

그는 이렇게 큰 위기에 직면했던 이유를 대우컴퓨터의 인수 때문이라고 생각했다. 그의 잘못된 판단이 회사를 위기에 몰아넣은 것이다.

컴퓨터 매출의 크기에 집중하면서 모니터 사업을 등한시했던 것이다. 컴퓨터 사업을 인수하였는데도 불구하고 1+1이 2가 아닌 1이 되어버린 것이다. 합산 매출 800억 원대의 회사가 매출 400억 원대 회사가 되었으니 말이다. 당시 그는 그것이 그의 능력의 한계라 생각하였다. 그리고 직원들에게 자신의 능력이 부족하여 지금의 '위기'를 맞았다고 진솔하게 인정하였다. 다시 한번 힘을 합쳐 '난관'을 극복해보자고 도움을 요청하였다. 회사가 위기를 맞이한 가장 큰 요인은 금융위기라는 대외 변수도 있었지만 CEO인 그가 매출 위주의 성과에 집착했고, 최소한 1년은 지탱할 충분한 유동성을 확보하지 못한 결과라고 당시를 회고하고 있다.

열정과 목표는 삶의 원동력

그는 회사를 운영함에 있어 직원들에게 항상 하는 말이 있다. "열정과 목표가 없으면 지금의 삶은 논두렁의 허수아비와 같다."라는 말이다. "본인이 부모, 형제, 자식보다 소중하기에 두 발로 똑바로 서라."라고 말한다. "내가 없으면 자식도 부모도 불행해진다."라고 강조한다. 이에 따라 회사 심벌을 초기엔 빨강, 검정, 골드로 설정하였다. 즉, "목표를 세우고, 열정을 가져라. 리스크를 생각하면 명예는 자연히 얻어진다."는 의미이다. 현재는 사업이 안정기에 접어들어 검은색이 빠진 로고(Logo)로 리뉴얼하였다.

그는 "당신 자신이 가장 사랑스럽고 소중한 존재이니 분명한 목표를 가지고, 목표에 필요한 지식을 습득하라."라는 말도 자주한다. 또한 "어찌 개인 목표도 없는 임직원과 CEO가 회사 목표를 세우고 업무를 제대로 수행할 수 있겠는가?"라는 말도 입버릇처럼 말한다. "모든 일의 중심에는 자기 자신이 있고, 자신의 의지로 애정과 목표를 가지고 오늘을 지낸다면, 오늘이 자신의 가치를 향상시키는 의미 있는 하루가 된다."고 강조한다.

또한 그는 임직원과 전문지식으로 소통하지 못한다면 결국 임직원의 성장을 CEO가 가로막는 것이라고 생각한다. 그래서 부단히 노력하고 공부하는 것만이 죽는 날까지 후회하지 않는 삶을 사는 것이라고 굳게 믿고 있다.

"과거를 뒤돌아보면 일과 배움이 나의 전부가 아니었나 생각합니다."

친인척 등 고용과 관련하여

많은 기업들의 CEO들에게 봉착하는 문제 중의 하나가 친인척 고용 등과 관련한 문제이다. 이와 관련하여 그에게 이 문제를 어떻게 생각하는지 물었다.

"나는 '공장장'을 했던 친동생을 우리 회사에 고용하라는 어머니의 부탁을 들어주지 않아서 3년 동안이나 곤란했던 일이 있습니다. 또한 오랜 친구의 아들 채용 부탁을 거절해서 소원해진 일도 있습니다. 이는 CEO가 절대 해서는 안 되는 일입니다. 친인척 채용 등은 그들이 아무리 능력 있게 일한다고 하더라도 다른 구성원들을 제한하여 조직의 활력을 저하할 수밖에 없습니다. 친한 사장 중에도 회사에 심각한 부작용이 발생해 이를 정리하는 문제로 골머리를 앓은 적이 있습니다. 발생되는 문제가 하나둘이 아닙니다. 무엇보다 직원들의 사고와 행동이 매우 제한됩니다. 감시를 받는 것처럼 느끼니 일이 제대로 되겠습니까? 직장 분위기도 좋지 않게 됩니다."

그는 "CEO가 친인척 등을 사사로이 채용하면 회사를 망친다."라고 단호하게 말한다.

우리는 친인척 등 고용으로 발생하는 '순기능'보다 '부작용'을 더 많이 보고 있다. 무엇보다 업무를 제대로 하지 못하거나 떠넘기는 등 '무능력', '업무태만' 등이 많이 발견된다. 그다음으로 '호가호위', '갑질' 등이 행사되는 경우도 언론 등을 통해 심심치 않게 목격된다. 기업은 이익을 내기 위해 구성원들이 끊임없이 움직인다. 수행하는 일이 '공적 관계'가 되는 것이다. 그러나 친척, 지인 등의 고용은 회사업무를 '사적 관계'로 만들 우려가 있다. 자녀를 자신의 후계자로 키울 것이 아니라면 조심스럽게 접근할 필요가 있다.

CEO 마인드에 대하여

이 책을 읽는 CEO가 있다면 꼭 하고 싶은 이야기가 있다고 한다.

"처음부터 중견 대기업은 없다. 부지런한 CEO가 성공한다고 생각하며 임직원과 함께 호흡하라고 말하고 싶다. 일 핑계로 주중골프, 접대핑계로 지각 출근하는 CEO가 과연 임직원에게 잘하라고 말할 수 있는가? 임직원은 급여를 받으니 받은 만큼만 하면 된다고 반문할 수 있다. 하지만 받는 만큼만 일하는 직원은 사실 회사에서 필요 없다. 기업은 이익이 목적이기 때문에 받는 것 이상으로 일해야만 회사가 성장할 수 있다. 나태한 CEO가 무엇으로 직원들을 설득할 수 있겠는가?"

그리고 그는 경영자에게 중요한 '신뢰'를 강조하였다. 그래서 경영실적을 매월 공개한다고 한다. 거래처 대금이나 급여도 항상 일정보다 늦지 않도록 한다. 이런 신뢰가 쌓여 금융위기 당시, 부도의 위험에 몰렸으나 그를 믿고 따라준 직원과 협력사의 도움으로 지금의 '대우루컴즈'가 있게 되었다.

"2008년 금융위기 당시를 생각하면 지금도 어찌 그 수렁에서 빠져나왔는지 모두에게 감사한 마음입니다."

또한 "경영에 있어 인적 자원과 물적 자원을 균형 있게 성장시켜야 한다."고 힘주어 말한다. "주변의 많은 CEO들이 단순 '직원관리'에만 치중하거나 재고자산의 관리에만 집착하고 있어 안타깝다."고 말한다.

"물론 '운영자금도 없는데…' 라고 할 수 있어요. 그러나 아무리 어려워도 직원교육을 하여야 회사 역량이 커질 수 있으며, 특히 부동산을 포함한 물적 자산 증대에 노력해야 회사를 지킬 수 있어요."

대우루컴즈는 대우전자 출신 인사들이 회사에 다수 포진하고 있다. 그래서 최근 입사한 신입들에게도 그 선배들로부터 DNA가 전수되고 있는 것은 아닐까. 과거 역경과 고난의 시절을 이겨낸 강인한 DNA. 그들이 가진 열정과 긍정적인 자세를 보면 영락없이 그들의 대표를 복사한 듯 빼다 닮았다.

윤춘기 대표가 그리고 있는 '꿈'은 매우 구체적이다. 잘하고 있는 PC와 TV는 물론이고 냉장고, 에어컨 등 생활 가전까지 진출하여 영역을 조금씩 넓혀 가는 것이다. 그가 그리고 있는 '고객에게 특별한 가치를 제공한다.'라는 비전이 명확하고, 이를 실행할 열정적인 인적자원이 풍부하여 앞으로 대우루컴즈가 100년 기업으로 크게 성장하지 않을까 기대해본다.

6

2배로 열심히 일하고 4배로 성공하자

가진 게 없으니 남보다 2배로 열심히 하면 성공할 수 있을 거라 생각했어
요. 2배 열심히 뛰다 보니 4배의 성공이 내게 주어진 것 같습니다. 참 감사
한 일입니다.

㈜거광기업, ㈜삼장알미늄 등 5개 계열사를 둔 회장 문수용은 어린
시절 중·고등학교를 다니면서도 학비를 벌기 위해 끊임없이 일을 하
였다. 군대에 가기 전에 마련한 '종잣돈'으로 페인트 대리점을 하면서
자신의 사업을 시작하였다. 그의 성실함은 자신의 사업을 페인트 대
리점에서 시작해 총판 대리점으로 확대하게 만들었다. 이를 기반으로
'창호 전문기업' 등을 설립하였다. ㈜거광기업 등은 2014년 이후 연평
균 250억 원 이상 매출을 올리고 있고, ㈜삼장알미늄은 광주/전남에
서 가장 큰 10인치 알루미늄 압출 라인을 갖고 있다.

'흙수저' 부자가 되기로 마음먹다

문수용 회장은 9남매 중 다섯째로 태어났다. 집이 가난해 그는 초등학교에 들어가기 전부터 새벽 일찍부터 일어나 늦은 밤까지 일하였다. 가족 모두 그렇게 일하니 당연히 다들 그렇게 사는 것으로 알았다. 지금은 전혀 그렇지 않지만 그때는 가난한 집 자식들은 집에 무엇이든 도움이 되어야 하는 때였다. 단 하루도 논밭에 나가 일하거나 소여물 주는 일 등을 게을리하지 않았다. 그리 넉넉한 형편도 아니었지만 장자에게만 재산을 물려 주는 시대였기에 부모로부터 상속을 받는 것은 상상도 할 수 없었다.

중학교에 입학한 후에도 집안 상황은 달라지지 않았다. 같은 반 친구 중에 손목시계를 갖고 있는 친구가 있었다. 너무 부러웠다. 어려운 형편에 부모에게 시계를 갖고 싶다는 말씀을 드릴 수 없었다.

"시계가 너무 갖고 싶었어요. 집에서 학교까지 4km 정도 됐어요. 읍내에 있는 학교까지 매일 걸어 다녔어요. 버스비를 아껴 3년 만에 시계를 기어코 손에 넣었죠."

그 당시 그는 무슨 일이 있어도 돈을 많이 벌어야겠다는 생각을 하였다. 학교가 끝나면 읍내에서 작은 아버지가 운영하는 조그만 유리 가게에서 일하였다. 그는 아르바이트를 하며 학비를 충당하였다. 너무 힘겨웠다. 가끔 남몰래 눈물을 흘린 적도 있었다. 빨리 군대에 갔다 와서 돈을 버는 것이 그의 인생 최대 목표였다. 그래서 고등학교 졸업하자마자 군 입대를 지원하였다. 얼마 되지 않아 입영통보를 받았다. 작은 아버지에게 그 사실을 말씀드렸다. 도리어 작은 아버지는 그에게 놀라운 제안을 하였다.

"1년만 나하고 일하다 군대 가거라. 너와 6년 동안 일해보니 정말 성실하게 일을 열심히 하더구나. 네게 도움을 주고 싶다."

그는 깜짝 놀라 반문하였다.

"무슨 말씀이세요?"

"내가 1년치 월급으로 '쌀 10가마' 대금을 '선불'로 주마. 그 돈으로 '새꺼리'를 놓아 '종잣돈'을 만들면 어떨까?"

당시 그의 고향에서는 돈을 빌려주면 1년에 50% 이자를 붙여서 받는 '새꺼리'라는 것이 있었다. 지금 경제위기로 어려움을 겪고 있는 아르헨티나가 얼마 전 기준금리를 45%에서 60%로 올렸다고 한다. 이처럼 당시 후진국인 한국도 경제적 불확실성이 컸기 때문에 '고금리'가 일반적이었다. 작은 아버지는 말을 계속하였다.

"1년 후에는 15가마가 될 것이고, 네가 군에 들어간 후 1년차가 되면 22.5가마가 된다. 3년 후 제대를 하게 되면 쌀 50가마 정도 돈이 될 거야. 제대 후 '종잣돈' 삼아 뭐라도 해보는 것이 어떻겠니?"

그는 작은 아버지로부터 '재테크'의 중요성을 배웠다. '군 입대'는 1년 후로 연기하였다. 꼬박 1년을 일하고 나서 그는 군대에 갔다. 배울 것이 많을 것 같아 '육군 부사관'에 지원하였다. 3년을 최전방에서 근무하였다. 제대 후 '새꺼리'를 놓아 둔 돈을 찾았다. 100만 원으로 불어 있었다. 시장조사를 한 후 페인트 대리점을 열었다. 열심히 일했기 때문에 장사도 잘되었고 평판도 좋아 총판 대리점으로 승격도 되었다. 물론 도중에 어려움도 있었다. 페인트, 미장공사 등 돈되는 일은 닥치는 대로 하며 어려움을 극복하였다. 1992년 섀시를 시공하는 친구를 도와주다 '창호 사업'으로 전환하였다.

성공요인을 물으니 다음과 같이 말한다.

"가진 게 없으니 남보다 2배로 열심히 하면 성공할 수 있을 거라 생각했어요. 2배 열심히 뛰다 보니 4배의 성공이 내게 주어진 것 같습니다. 참 감사한 일입니다."

언제나 현장에 답이 있다

대부분의 사업가들이 어느 정도 사업이 궤도에 오르면 안주하는 경향이 있다. 그러나 그는 은퇴를 미루고 현장에서 여전히 일하고 있다.

그는 출근하자마자 바로 사무실로 올라가지 않고, 제조라인을 먼저 둘러본다. 밤새 기계는 안녕했는지, 직원들은 제자리에서 제역할을 하고 있는지 살펴본다. 직원들과 눈도 맞추고 인사도 나눈다. 특별한 출장 빼고는 여전히 하루도 빠지지 않고 매일 공장으로 출근한다.

"품질은 굉장히 중요해요. 사장이 생산 현장을 모르면 좋은 품질의 제품이 나올 수 없어요. 내 나이가 70살인데, 여전히 특허를 내고 있어요. 일요일도 공휴일도, 자다가도 갑자기 떠오르는 아이디어가 있으면 바로 만들 수 있도록 그림을 그려봐요. 나는 다른 사람보다 더 많이 고민합니다. 생각한 것을 꼭 만들어 보고, 잘못된 것은 수정합니다. 그런 습관이 이만큼 이룰 수 있었던 바탕이 되었어요."

중소기업의 장점은 현장에서 발생하는 문제에 신속하게 대응할 수 있다는 것이다. 그런데 조금만 성공하면 번쩍번쩍한 '사장실'을 만들어 스스로 현장과 고립되는 중소기업 CEO들이 종종 있는 것 같다. '시스템'이 완성된 후에 들어가도 늦지 않다.

근검절약하며 건강까지 지키다

당시에 누구나 그렇듯 그도 군대에서 담배를 배웠다. 어느 날 담배를 피우다 불현듯 금연을 결심하게 되었다.

"평생 피울 담뱃값을 계산해보니 너무나 큰돈이었어요. 그래서 그 자리에서 담배를 끊었어요. 그 후로 담배를 손에 댄 적이 한 번도 없어요. 술값도 아까워 내가 마시기 위한 술자리를 가져 본 적이 없어요."

그는 한번 원칙을 정하면 칼처럼 실천한다. 그래서 지금 이렇게 부자가 된 것이 아닐까. 5년 전부터는 '생활 속 운동'을 실천하고 있다.

"지금 사는 집이 아파트 20층이에요. 지하 2층 주차장에서 우리집까지 22층 높이에요. 언제나 계단으로 올라갑니다. 마치 등산하는 것과 같아요."

그는 활짝 웃으며 이야기를 계속하였다.

"무거운 짐이 있거나, 손님을 모시고 올라가는 경우는 제외합니다. 어떤 일이 있어도 하루 한 번은 20층까지 꼭 올라갑니다. 그 덕분에 돈을 들여 운동을 하지 않아도 건강한 편이에요."

이 책을 읽는 독자들도 한번 실천해보기를 권한다.

그에게 젊게 사는 비결이 무엇이냐고 물었다. 그는 다음과 같이 말하였다.

"언제 어디에 있든 작은 것 하나라도 얻기 위해 노력하고 연구하는 것이 젊게 사는 비결이 아닐까 싶네요. 세상에 없는 창호를 만들기 위해 열심히 노력하다보니 나이 먹는 것을 잊게 되는 것 같아요."

7
욕심을 버리는 전략으로 승부하다

평상시 비교 분석을 하고 평가할 수 있는 능력이 있어야 사업가로 성공할 수 있어요. 그것에 대해 트레이닝이 안 되면 사업가가 될 수 없어요. 현재 상황을 분석하고 미래에 대한 예측을 할 수 있는 능력이 있어야 해요.

㈜선일일렉콤 대표이사 송보선은 1990년 부채 3천만 원을 인수하는 조건으로 결혼자금 2천만 원을 투자하여 사업을 시작하였다. S 전자 1차 벤더에 '전자부품'을 제조·납품하는 회사를 인수한 것이다. 그는 아내와 함께 성실하고 열심히 일하였다. 그러나 일을 열심히 할수록 적자를 보는 구조였다. 인수 당시 3천만 원이던 부채가 2억 원으로 오히려 늘어났다. 자신이 하던 '사업구조'를 분석하면서 과감히 사업을 전환하였다. 이때부터 흑자를 보기 시작하였다. 현재 회사의 연간 매출액은 600억 원에 달한다.

사업 분석으로 터닝 포인트를 만들다

송보선 대표를 처음 봤을 때 깜짝 놀랐다. 전혀 CEO 같지 않고, 옆집 아저씨처럼 편안한 인상이었다. 직원들에게도 전혀 권위의식 없이 편안하게 행동하였다. 그는 1987년 대학교 전기공학과를 졸업하고, 급여가 잘 나오지 않는 중소기업에 취업하였다. 다니던 회사를 그만두게 된 것은 자신의 사업을 시작하기 위해서가 아니라 결혼을 하는 데 가장으로서 월급이 제때 나오지 않아서였다. 그러한 이유로 이직을 고려 중 직장 동료로부터 '동업'을 제안받았다. 그러나 그의 부모는 "동업해서 잘되는 걸 보지 못하였다."라며 완강하게 반대하였다.

부모의 반대 때문에 동업은 안 한다고 하니 동료는 기술이 없어서 못하니 그에게 하라고 하였다. 어릴 때부터 언젠가는 사업을 하겠다는 막연한 꿈은 있었지만 준비가 안 된 상태에서 얼떨결에 사업을 시작하게 되었다.

"그래서 그 친구와 동업하지 않고 혼자 사업을 하게 되었어요. 우리나라 문화에서 실제로 동업이 잘 안 되는 이유가 지금에 와서 보니 계약서도 없이 좋은 것이 좋다는 식으로 동업을 하니까 문제가 생기는 것 같아요. 잘되든 못 되든 철저한 '계약관계'에 바탕을 두고 동업을 하면 문제가 없을 것이라 생각합니다."

그는 결혼 자금 2천만 원으로 부품제조 회사를 인수하였다. 3천만 원의 부채를 떠안는 조건이었다. 그가 인수한 회사는 TV, VTR, PC 등에 들어가는 '변압기'를 제조하는 회사였다. 그는 직원들이 퇴근한 후 밤늦게까지 아내와 함께 변압기를 조립하였다. 주말에는 둘이서 하루 종일 일하였다. 그렇게 죽기 살기로 3년을 일했지만 부채는 오히려 더 늘어났다. 직원 월급 등 운영자금을 빌리다 보니 부채가 2억 원으로 늘어났다. 전 사장이 그에게 회사를 넘긴 이유를 알게 되었다. 일할수록 적자가 나는 구조였다. 그의 부모, 처가 등에 면목이 없었고, 어깨는 더 무거워졌다.

"무조건 성실하게 일하면 다 성공하는 것이 아니라는 것을 그때 알았어요. 하면 할수록 적자였어요. 남는 건지 안 남는 건지 검토하면서 일을 해야 하는데 그러지 못했어요. 구조를 바꿔 새로운 시장을 만들자고 생각했어요. 그래서 1994년에 중국에 진출했어요. 인건비 마진으로 수익을 남기기 시작하면서 부채도 갚고 회사가 괜찮아지기 시작했어요."

그는 중국에 배를 타고 직접 가서 현지 사정 등을 조사하였다. 그때는 많은 기업들이 중국시장에 본격적으로 진출하기 전이었다. 그에게 회사가 어려운 상황이었는데 새롭게 중국 시장에 진출하는 것이 두렵지 않았느냐는 질문에 다음과 같이 답하였다.

"그때 중국에 진출할 수 있는 여건이 되었어요. 도전 정신이라기보다는 시대의 흐름을 따라간 거예요."

그가 자신을 둘러싼 환경을 분석하고 새로운 사업을 시도하자 그의 아내는 더 이상 공장에 나와 '부품 조립'을 하지 않게 되었다.

적을 만들지 않고도 수익을 내다

1998년 그는 중국에서 철수하였다. S전자 1차 벤더가 현지공장을 직접 운영하겠다고 하니 어찌할 수 없었다. 원청업체가 그를 통해 2~3년 동안 '사업 리스크'가 없다는 것을 확인한 것이다.

"1차 벤더가 중국 공장에 한번 가보자고 하니까 현지 공장을 보여주었어요. 중국과 연결해주는 결과가 된 거죠. 결국에는 변압기 사업을 철수할 수밖에 없었어요. 그때부터 하청업체를 통하지 않고 직접 해야겠다고 생각했어요."

1998년에는 '전자식 안정기'를 생산하는 회사에 부품을 납품하였다. 이것에도 갑을 관계가 있었다. 2000년에는 전자식 안정기를 직접 만들고 2002년부터 '조명기구'를 직접 만들기 시작하였다.

늘 신규 사업을 시작할 때는 자신이 있던 시장과 전혀 다른 시장에서 새롭게 출발하였다. 종전에 '갑'이던 회사는 그의 신규 사업 진출을 기분 나쁘게 생각하지 않았다. 오히려 격려하고 그가 잘되기를 응원 해주었다. '전자식 안정기' 시장에 진입할 때도 다른 시장의 새로운 거 래처를 찾아 제품을 팔았다. 또한 조명기구 시장에 진출할 때도 '종합 조명기구'가 아닌 '특화된 조명기구'를 선택하였다. 식당과 매장 등에 서 사용하는 '상업용 형광등' 제조를 시작한 것이다. 그는 단계적으로 '구조'를 바꾸었다. 그러나 종전에 거래하던 시장이 아닌 새로운 시장 을 개척함으로써 '기존의 거래처'를 적으로 만들지 않았다.

2014년에 그는 회사의 지분을 매각하였다. 당시에는 엘이디 사업이 잘되고 있었다. 엘이디 산업의 성장성이 보였으나 과감하게 넘겼다. 개인투자자에게 155억 원을 받고 회사를 매도한 것이다. 그가 110억 원, 직원들이 45억 원을 받았다. 현재 지분은 대주주 55%. 그 25%, 직 원 10% 기타 10%이다.

"원래 지분이 모두 내 것이었어요. 직원들에게 파이를 키우겠다. 혼 자 하면 100밖에 못하는데 여러분과 같이하면 200~300으로 크게 키 울 수 있다고 했어요. 그러면서 주식을 직원들에게 무상 증여해주었 어요. 2014년 회사를 매각하고, 3년만 하고 떠나려고 했는데 상황이 그렇게 안 돼 지금까지 하고 있어요."

매각 당시 매출액이 250억 원이었다. 그러나 그는 매각 후에도 회사를 열심히 경영하였다. 매각 당시보다 매출이 2배 이상 늘어나 600억 원으로 성장하였다. 회사의 가치가 두 배 이상 뛴 것이다. 회사를 매각하고 나니 기업 경영에 대한 부담감도 줄어들었다. 더 큰 파이를 만들고 나누기 위해 열심히 일하였다. 3~4년 내에 1,000억 원 달성을 목표로 하고 있다.

대부분 사람들은 기업이 성장하기 위해 반드시 1등을 해야 한다고 한다. 그러나 그의 목표는 2~3등이다. 이는 매우 소박한 목표로 보인다.

"한 제품에서 1등을 하는 것보다 여러 제품에서 2~3등을 하는 것이 나의 전략입니다. 1등을 하려고 욕심 부리니까 무리하게 되고. 주변의 시기를 많이 받게 되는 것 같아요. 나는 무엇보다 적을 만들지 않으려고 하고 있습니다. 누구나 다 똑같은 방법으로 성공할 수는 없어요."

기업 경영 및 성공 비결과 관련하여

(1) 끊임없이 새로운 방법을 찾다

그에게 사업 성공 비결을 물었다. 그는 "성공했으니 특별해 보이는 것"이라고 말하면서 다음과 같이 조언한다.

"사업을 하면서 많은 사람들을 만나고 있는데 다들 어렵다고 해요.

10년 후에 오늘을 얘기하면 "그때가 좋았다."라고 할지도 몰라요. 식당 운영을 예로 들어 설명하면 어느 식당에서 하루 100명이 올 것으로 예상했는데 장사가 안 돼요. 그러면 식당 사장은 음식은 맛있는데 경기가 안 좋아서, 대통령 때문에 장사가 안 된다고 해요. 사실 손님은 맛이 없다고 평가하는데 말이죠. 그것은 자기 위로가 될 수 있을지 몰라도 해결책은 될 수 없어요. 앞으로도 경기가 좋아질 수도 없어요. 자기도 식당 수가 늘어나는 데 동참했어요. 식당 숫자가 늘어나는 만큼 경쟁이 치열해지는 것 아니겠어요? 작년하고 똑같이 하면 매출이 줄어들 수밖에 없는 구조에요. 상권을 제대로 분석하고 그에 맞는 새로운 메뉴를 개발하고, 서비스 수준과 마케팅 방식도 연구해야 합니다. 변해야 삽니다. 변하지 않으면 무한경쟁 시장에서 살아남을 수 없습니다."

그는 강한 어조로 말하였다. "우리 회사도 어떻게 변할지 모른다. 미래에 대한 예측과 철저한 준비를 통해 새로운 시장을 계속 개척해 나가야 한다."라고 말한다.

(2) 투명하고 공정하게 경영하다

그는 직원에게 회계 관리를 전적으로 맡기고 있다. 그는 "사장은 절대 돈 관리에 개입하면 안 된다."라고 말한다. 그에게 투명하고 공정한 경영은 어떻게 하는 것인지 물었다.

"나는 사장이 '회사 돈'을 집에다 가져다 쓰는 것이 전혀 이해가 안 됩니다. 기업하는 사람이 회사 자금으로 개인 용도의 땅을 사거나 개인집 인테리어 비용을 지불하고 그러는데, 정말 한심한 일이에요. 보수도 마음대로 가져가면 안 돼요. 내 보수는 우리 회사 최저임금의 10배를 넘어가지 않아요. 임·직원들이 말은 안 해도 더 잘 알고, 더 잘 보고 있다고 생각해요. 기업이 공정하고 투명하면 절대 망할 수 없어요. 선진국이 잘되는 이유는 공정하고 투명하기 때문입니다. 잘못된 나라는 '복지' 때문에 망한 것이 아니라 '부정부패' 때문에 망한 것이에요. 나는 접대를 받지 않고 공정하고 투명하게 기업을 운영하고 있습니다."

그는 "필리핀, 중남미 등 국가가 발전하지 못하는 이유가 지도자의 '부정부패' 때문이다."라고 하면서 "기업도 부정행위를 저지르면 절대로 성장할 수 없다."라고 말한다.

(3) 좋은 인재를 육성하다

기업이 성장하기 위해서는 무엇보다 좋은 인재가 필요하다. 기업 경영에 있어서 필요로 하는 '인재상'이 무엇인지 질문하였다.

"실력도 중요하지만 조직에 대한 충성도가 높은 사람이 필요합니다. 중소기업은 모든 직원들의 능력이 균일하지 않아요. 좋은 나무를 기르기 위해서는 거름도 주고 웃자라는 나무는 가지치기를 해야 합니다.

회사가 검증을 제대로 못해 채용한 직원이 물을 흐려서 힘들었던 경험이 있어요. 그래서 우리 회사는 1년 동안의 수습 기간을 거칩니다. 수습 후 약 70% 정도가 정규직이 되는데, 정규직이 된 후 스스로 그만두는 경우는 거의 없어요. 다만, 승진이나 보상 등은 철저하게 능력을 기반으로 평가하고 있습니다. 회사를 위해 열심히 하는 직원에 대해서는 반드시 보답해 줍니다. 나는 최저 임금으로 최고의 품질을 만들 수 없다고 생각해요. 동종업계 최고 수준으로 대우해주려고 노력합니다."

(4) 은퇴와 관련하여
회사를 매각한 후 섭섭하지 않았는지 그에게 질문하였다.

"미래는 뻔합니다. 무엇이든 평생 가져갈 수 없어요. 적당한 때에 넘기는 것이 필요하다고 생각했어요. 사실 아들이 물려받지 않겠다고 한 것도 영향이 있어요. 제2의 제3의 전문경영인에게 넘겨 회사가 잘되길 바랍니다. 상장 회사의 대표를 하다가 은퇴하신 분이 회사를 인수했는데, 좋은 분을 만났습니다. 사업이란 게 스트레스를 많이 받아요. 굳이 일을 계속하고 싶은 생각은 없어요. 하고 싶다고 하더라도 평생 할 수 없어요. 조만간 때가 되면 편하게 인생을 즐기려고 합니다. 충분히 쓰고 갈 생각이에요. 나는 충분히 그럴 자격이 있다고 생각합니다. 왜냐하면 투기로 돈을 벌지 않았고 세금도 잘 냈고, 열심히 노력한 결과물이기 때문입니다. 기억력이 좋았는데 점점 기억력이 떨어지고 있어요. 경륜으로 버티는 것도 한계가 있다고 봐요. 사실 사업으로 크게 성공하겠다, 큰돈을 벌겠다, 그런 것도 없었어요. 운도 따라 준 것 같아요. 이 정도로 성공한 것도 매우 감사하게 생각합니다."

2014년 회사를 매각한 후에도 그는 계속 회사를 경영하고 있다. 회사가 잘 운영되어 연간 20% 이상 성장하고 있다. 이는 그가 현실에 안주하기 위하여 회사를 판 것이 아니라는 것을 보여 준다. 회사와 직원들이 진정 잘되기를 바라는 그의 진심이 통한 것이 아닐까.

(5) 기업가 정신과 관련하여

사업을 하면서 그는 많은 어려움을 겪었다. 그가 경험하고 극복한 사례가 곧 기업가 정신이 아닌가 싶었다. 그에게 기업가 정신이 무엇이라고 생각하는지 물었다.

"식당에서 밥을 먹더라도 왜 이 집이 잘되는지, 왜 손님이 많은지 생각해야 합니다. 평상시 비교 분석을 하고 평가할 수 있는 능력이 있어야 사업가로 성공할 수 있어요. 그것에 대해 훈련이 안 되어 있으면 사업가가 될 수 없어요. 현황 분석과 미래예측 능력이 있어야 합니다. 그리고 문제가 발생하면 재빨리 해결할 수 있어야 합니다."

계속 말을 이었다.

"섬유산업 등 사양 산업이라도 경영자에 따라 잘할 수도 있다고 생각해요. 일반적으로 사양 산업에 굳이 도전할 필요는 없겠지만, 능력이 있는 경영자는 어떠한 경우에도 잘 해낼 것이라고 생각합니다. 선택과 집중이 필요해요. 기업은 이익을 내야 하니까요. 이익이 되는 것은 열심히 하고, 남지 않는 것은 과감히 버려야 합니다. 그냥 두루뭉술하면 절대 안 됩니다. 나는 우리 회사의 경쟁자는 중국이라고 생각해요. 중국이 지금 하는 '소품종 다량생산'이 경쟁력이 있지만 미래에는 '다품종 소량생산'도 잘할 것이라 생각해요. 우리 회사는 그들과 경쟁하기 위해 품질이 탁월하면서도 다양한 제품을 공급하고 있어요. CEO는 항상 열린 사고로 새로운 비즈니스를 받아들일 준비를 하고 있어야 한다고 생각해요. 선일일렉콤도 어떻게 변하게 될지 몰라요. 10년 후 엘이디 조명을 하지 않을 수도 있어요."

그는 지금 은퇴를 준비하며 사심 없이 열심히 일하고 있다. "좋은 전문 경영인이 오면 언제든지 자리를 비울 준비가 되어 있다."라고 말하는 그의 표정이 평온해 보인다.

8

청년 친화 기업, 1,000% 성장을 꿈꾸다

아무것도 하지 않으면 아무 일도 일어나지 않잖아요. 처음 사업에 발을 디뎠던 그때부터 위기가 있었지만 아마 안 되는 이유들과 두려움이 먼저였다면 지금이 없었을 겁니다.

㈜지에이 대표이사 이정임은 인식도 부족하고 황무지였던 엘이디 조명시장에 오로지 가능성만을 보고 2004년 창업하였다. 시장이 형성되지 않아 수익을 내지 못해 경영난에 허덕이기도 했다. 상황이 절망적이었으나 그녀는 끝까지 희망과 확신을 버리지 않았고, 어려움을 모두 이겨냈다. 당시 함께했던 직원들에 대한 '고마움'으로 '청년친화 기업'을 표방하고 있다. 쾌적한 환경과 업무조건 덕분에 청년들 사이에서는 꿈의 직장으로 불린다고 한다. 청년들의 열정과 적극적인 기술 개발로 매출 1,000억 원 달성을 위해 오늘도 열심히 땀 흘리고 있다.

직원 중심의 행복한 일터를 꿈꾸다

2015년 가을, 현장 컨설팅을 위해 강원도 원주에 소재한 ㈜지에이를 방문하였다. 그때의 느낌이 아직도 생생하다. '기업'보다는 마치 '종합복지관'에 가까운 느낌이었다. 건물 곳곳에 '행복한 일터'를 만들기 위한 배려가 돋보였다.

풋살장, 음악실, 스크린골프 연습장 등 일하는 공간보다 젊은 직원들을 위한 여가와 복지를 위한 공간이 더 많은 부분을 차지하고 있었다. 이정임 대표를 만났다. 이정임 대표의 독특한 '직원 중심 경영론'을 듣고 깜짝 놀랐다. 그 이유가 가장 힘들었던 당시에 함께 일했던 직원들에 대한 '고마움'이라는 얘기를 들었을 때 이해가 되었다. 그녀는 젊은 직원들이 자율적으로 회사를 이끌어 간다고 하였다. 그래서 회사의 발전 가능성이 높다고 얘기한다.

이정임 대표는 엘이디 조명산업이 대세가 될 것이라 생각하고 2004년 창업하였다. 그러나 2010년까지 수요가 거의 없었다. 매출이 없어 자금사정이 어려워지면서, 창업할 때 함께했던 직원들이 하나둘씩 그만두었다. 엘이디 사업 전에 건설, 부동산 개발 등으로 벌었던 자금이 바닥을 드러내기 시작하였다. 총액으로 50억 원 정도가 들어갔지만 끝이 보이지 않았다. 마치 '밑 빠진 독에 물 붓기' 같았다. 하지만 정부의 녹색성장 정책과 함께 R&D 투자의 효과가 나오기 시작하면서 2012년 22억 원 매출이 발생하였다. 2015년 이후 100억 원대의 매출이 발생하고 있으며, 이후 꾸준히 상승하고 있다.

이 독특한 회사의 대표와 인터뷰 전문을 싣는다. 그녀는 굉장히 쾌활하고 적극적으로 답변하였다.

긍정적인 상상을 하라

2004년 사업을 시작하고 7년간 매출이 거의 없었다. 그녀에게 힘들지 않았는지 물었다.

"힘들었어요. 수요도 없고, 표준도 없는 상태에서 너무 앞서서 사업을 시작해 시장 진입에 어려움이 많았어요. 2010년도까지 관급, 민수 모두 엘이디 조명에 대한 수요가 거의 없었어요. 회사가 어려워지면서 직원들이 하나둘씩 그만둘 때 많이 힘들었어요."

"언제부터 수요가 발생했나요?"

"2011년도에 수요가 조금씩 발생하기 시작해 2012~2013년도부터 정부의 녹색성장 정책에 따라 새로운 조명 수요가 본격적으로 발생하기 시작했어요."

"직원 월급을 지급하는 것이 어렵지 않았나요?"

"가지고 있던 돈도 다 떨어지고 막판에는 캐피털 대출을 통해 직원들에게 월급을 주는 등 많이 힘들었어요."

"그 어려움을 어떻게 극복했나요?"

"아무것도 하지 않으면 아무 일도 일어나지 않잖아요. 처음 사업에 발을 디뎠던 그때부터 위기들이 많았지만 아마 안 되는 이유들과 두려움이 먼저였다면 지금이 없었을 겁니다. 엘이디 조명을 연구 개발하면서 회사가 있는 원주 전역을 우리가 생산한 엘이디 조명으로 전부 교체하는 상상을 하곤 했었는데, 그 생각들이 큰힘이 되었어요."

그녀는 너무 힘들고 지치면 차를 타고 원주 시내를 돌았다. 그녀의 회사가 만든 엘이디 제품이 원주의 밤을 환하게 비추는 것을 상상하곤 했는데, 그 힘으로 버틸 수 있었다고 한다.

이 책을 읽는 독자 중 어려움을 겪는 분이 있다면, 그녀처럼 '긍정적인 상상'을 하며 이겨내기를 바란다.

청년들이 꿈꾸는 직장을 만들다

근무하는 직원들 대다수가 20~30대 청년들로 보였다. 하나같이 구김살이 없고 밝아 보인다. 그녀에게 청년들이 많은 이유가 무엇인지 물었다.

"2011년에 들어온 직원들이 그 당시 어려운 시절을 함께 했던 직원들입니다. 나는 그들을 '수성공신'이라고 합니다. 앞으로 회사가 더욱 성장하더라도 이 직원들과 계속 같이 가고 싶어요. 그래서 그 당시 함께 고생한 직원들보다 경력이 많거나 나이가 많은 직원들을 뽑지 않으려 해요. 힘들 때 고생을 함께했던 친구들에 대한 '배려'라고 생각해요. 그래서 우리 회사에는 나이가 어린 직원들이 많아요. 젊은 직원들을 위한 복지에 신경을 쓰며 진심으로 그들을 가족처럼 대하고 있어요."

원하는 것을 찾아 가거나 그려 보는 것만으로도 에너지가 생성된다.
적극적으로 상상하라. 그리고 행동하라. 그러면 꿈이 현실이 된다.

"업무를 하는 사무실 공간보다 직원 복지를 위한 시설이 많은 이유가 있나요?"

"젊은 사람들에게는 일과 삶의 균형(Work and Life Balance)이 무엇보다 중요합니다. 이렇게 하는 것으로도 충분히 높은 성과를 낼 수 있다고 생각해요. 풋살장, 스크린 골프장, 음악실 등 다양한 복지 공간을 만들었어요. 회사가 일만 하는 공간이 아니라 일하면서도 편하게 즐길 수 있는 환경이 될 수 있다는 것을 보여 주고 싶었어요. 소리 내어 웃고 즐기다보면 더 큰 성과가 나올 것이라는 확신을 가지고 있습니다."

"보수를 대기업 수준으로 지급하고 있다고 하던데 사실인가요?

"그 정도는 아닙니다. 매출액이 늘어날수록 직원들에게 돌려 주려고 합니다. 그래야 직원들이 최선을 다해 일을 한다고 생각해요. 20대 후반의 직원들이 연봉 5천만 원가량 받고 있습니다. 월급을 많이 주는 것은 회사에 마이너스가 절대 아니에요. 6개월마다 승진시키고 월급을 올려 주고 있어요. 지금 8년차 직원의 연봉이 9천만 원가량 됩니다. 우리 직원들도 타 회사보다 더 잘 챙겨 주고 있다는 점을 알고 있어요. 업계 최고 수준이라고 봐도 됩니다. 그렇게 해야 직원들이 모든 일에 최선을 다하고 애사심도 깊어집니다. 실적이 안 나는 시기에는 미안해서 일을 못하겠다고 연봉을 깎자고 합니다(웃음)."

"대우가 좋아 회사가 인기가 많을 것 같습니다. 채용 시 면접은 어떻게 하나요?"

"무엇보다 인성에 신경을 씁니다. 면접 시 설문지를 나눠 줍니다. 1년, 3년, 5년 후 자신이 원하는 직급 및 희망 연봉을 적게 해요. 신규 직원의 경우 많이 적지 못하죠. 시간이 흘러서 비교해보면 자기가 적었던 연봉보다 많이 받습니다. 오히려 신규 직원이 일을 더 열정적으로 합니다. 결국 이런 방법이 회사에 이익이 된다고 생각해요. 무엇보다 직원이 기분 좋게 일할 수 있는 환경을 만들어 주니까요. 매출이 올라가기 시작하면서 5~6년 동안 계속 올려 주고 있어요. 모든 직원이 연 평균 30% 올라가기도 합니다. 25살이지만 연봉 5천만 원 넘게 받는 직원이 있어요. 전공과 상관이 없더라도 인성과 열정이 있다면 전공자보다 더 회사에 보탬이 될 수 있다고 생각해요. 주인의식을 가지고 있는 직원들이 1/3 이상은 된다고 자부합니다."

연간 300% 성장, 꿈이 아니다

엘이디 업종은 매년 경쟁이 더욱 치열해지고 있다. 그녀에게 성장을 위한 '비전'에 대해 물었다.

"엘이디 업체들이 많이 생겨났고, 중국 업체들의 수입, 덤핑, 가격 경쟁 등으로 애로사항이 많이 발생하고 있어요. 그래서 새로운 사업을 발굴하고 있어요. 하드웨어와 소프트웨어를 접목시키면서 신재생, 3D 영상 디자인, 소프트웨어 개발, 전기·통신 사업 등으로 영역을 넓혀 가고 있습니다. 2020년부터는 엘이디 조명 제조 부문을 10%로 두고, IT, 경관조명, 신재생 등 새로 추가하는 사업의 매출이 90%를 차지하게 될 것으로 예상합니다. 2020년에 1천억 원 가까이 매출을 늘리는 계획을 수립 중에 있습니다."

"그렇게 급성장하는 것이 가능하다고 생각하시는 지요?"

"가능합니다. 경관사업만 가지고도 지금 매출액의 2배를 예상합니다. 신재생 사업 역시 지금 매출액의 2~3배 이상 보고 있어요. 태양광, 소형 풍력을 접목하여 조명을 켜고, ICT와 연동을 시킬 계획입니다. 조만간 공장, 주택의 지붕이나 옥상 등에 '자가발전'이 설치될 것입니다. 이 시장의 규모가 엄청날 것이라고 봐요. 또한 가까운 미래에는 어느 위치에 있든 인공위성으로 조명을 제어할 것입니다. 그래서 관련 제어 부문과 소프트웨어 부문 관련 사업도 같이 하고 있어요. 2014년부터 꾸준히 준비해 왔어요. 2018년부터 이익이 발생하기 시작했어요. 신사업의 매출 증가 등으로 200~300% 이상 성장할 것이라고 판단합니다."

"성공 요인으로 무엇을 꼽을 수 있을까요?"

"목표를 이루기 위해 낮이고 밤이고 할 것 없이 직원들과 함께 연구하고 공부하면서 시간을 보냈습니다. 조그만 성취에도 서로 부둥켜안고 행복했습니다. 그 시절 작은 성공들이 하나둘 모여 지금의 자리에 오게 된 것 같아요."

"CEO로서 가장 중요하게 생각하는 '가치'는 무엇인가요?"

"직원과 함께하는 미래입니다. 회사가 어려워지면 직원뿐 아니라 직원의 가족까지 어려워지는 거잖아요. 그들의 미래와 삶을 위하여 더 좋은 회사로 성장하는 것이 가장 중요하다고 생각해요. 그리고 직원 월급을 제때 주는 것을 사명이라고 생각하면서 사업을 했어요. 사업을 시작한 후 매출이 없던 시기에도 단 한 번도 월급을 미뤘던 적이 없습니다."

이 회사의 대표적 '사내 복지'로 구내식당이 있다. 점심과 저녁 식사를 '무료'로 제공한다. 식사는 가정식 스타일로 차려진다. 이정임 대표는 "한 끼 원가가 9천 원 이상은 될 것"이라고 한다. '밥맛'이 좋아 식사를 하고 퇴근하는 직원들이 대다수라고 한다. 청년들의 열정으로 가득한 공간, 회사의 비전과 젊은 청춘들의 비전이 시너지 효과를 발휘하고 있어 ㈜지에이의 앞날이 기대된다.

3장

불꽃 열정으로 타오르다

"꿈을 붙들어라.
꿈을 놓치면
인생은 날개가 부러져
날지 못하는 새와 같다."

- 랭스턴 휴즈 -

❶ 실패는 단순한 실패가 아니다

인생에서 때로는 성공도 하고 실패도 할 수 있다. 그때마다 '일희일비' 하지 않는 것이 필요하다. 왜냐하면 성공도 실패도 최종 결과가 아니라 과정이기 때문이다.

실패는 자산이 될 수 있다. 다만, 그것을 절절하게 받아들여야 성공의 밑거름이 된다. 예를 들면, 한 번 실패한 사람이 두 번, 세 번 실패한다. 실패가 쉽게 성공의 어머니가 될 수 없는 이유이다. 실패를 통해 자신이 실패한 이유를 제대로 느끼고 배워야 다음에 실패하지 않을 수 있으며 성공도 할 수 있는 것이다.

○ 직원의 실패요인

남 탓하자. 변화를 거부하자. 과거만 생각하자. 중간만 하자. 일을 할 때 욕을 안 먹을 정도까지만 하자. 시간만 대충 때우자. 편 가르기 하자. 불평 불만하자. 나서지 말자. 팔짱끼고 어떻게 하나 지켜보자. 시키는 일만 하자. 절대 일을 벌리지 말자. 다른 사람이 바빠도 웬만하면 모른 척하자. 손해 보는 짓은 절대 하지 말자. 상대가 인사하면 그때 인사하자. 필요한 경우가 아니면 목소리를 내지 말자. 남이 나를 도와줘도 당연한 것이라고 생각하자. 협력하지 말자. 약속을 지키지 말자.

◉ CEO의 실패요인

남 탓하자. 변화를 거부하자. 성과가 나와도 칭찬하지 말자. 잘한 것은 내 탓이고, 잘못한 것은 직원 탓으로 돌리자. 성과와 보상은 외면하자. 아부하는 자들만 가까이 하자. 내부직원 무시하고, 외부인들에게만 귀를 열자. 직원들에게 쌍욕하자. 인색하자. 근무환경은 모른 척하자. 현실에 안주하자. 충언은 한귀로 듣고 한귀로 흘려듣자. 직원 교육을 무시하자. 특정 직원만 편애하자. 시간만 대충 때우자. 신용을 지키지 말자.

실패요인을 무작위로 추출한 것이다. 개인차에 따라 이것보다 더 많을 수 있다. 물론 더 적을 수도 있다. 어찌 되었든 반대로만 해보자. 성공적인 삶을 살 수 있다.

9

뜨거운 열정으로 온몸을 던져라

한번 발을 담갔으면 두 발만 담그지 말고 온몸을 던져야 합니다. 콧잔등에 땀이 흐를 정도로 전력투구해야 합니다. 그렇게 하면 하는 일이 다 잘될 수밖에 없어요. 대충하는 심정으로 하면 어떤 일도 해낼 수 없어요. 항상 직원들에게 그렇게 얘기하고 있고, 나는 지금도 그렇게 하고 있습니다.

㈜우드메탈 대표이사 김춘수는 가난 때문에 대학을 중도에 포기하고 영업사원으로 사회생활을 시작하였다. 사업을 시작해서는 두 번의 화재와 한 번의 부도를 겪었다. 그러나 그는 좌절하지 않고 언제나 '오뚝이'처럼 다시 일어났다. 넘어질 때마다 주변에서 그를 도와주었다. 자신의 이익에 따라 거래처를 쉽게 바꾸지 않은 두텁게 쌓은 '신용' 덕분이다. 우드메탈은 20~30대 가구 브랜드를 지향하고 있다. 우드와 메탈의 감성이 조화를 이룬 '예술작품'을 만드는 것이 그가 추구하는 가치이다.

먹고살기 위해 생활전선에 뛰어들다

㈜우드메탈 김춘수 대표가 초등학교 5학년 때 그의 아버지가 돌아가셨다. 그 후 집안 사정이 어려워지기 시작하였다. 어렵사리 대학에 들어갔고 3학년 1학기를 마치고 군대에 갔다. 군대를 제대한 후 집에 돌아왔지만 큰 형의 사업 실패로 가족들이 뿔뿔이 흩어지고 없었다. 백방으로 어머니를 찾아다녔다. 그의 어머니는 서울 압구정동에 있는 한 설렁탕집에서 주방 일을 하고 있었다. 그의 어머니는 살 집이 없어 식당에서 숙식을 해결하고 있었다. 그는 대학을 그만 둘 수밖에 없었다. 먹고 사는 문제가 시급하였다.

"제대 후 어머니를 찾아갔다가 충격을 받았어요. 설렁탕집에서 주방 일을 보고 계시더군요. 살 집이 없어 식당에서 숙식하시는 데 너무 마음이 아팠어요."

그는 고생하는 어머니를 보면서 대학교 복학은 엄두를 내지 못하였다. 이력서를 들고 여기저기 뛰어다녔다. 1982년 의료기기 회사 영업사원으로 일하였다. 그곳에서 6개월을 일하다가 컴퓨터용 책상을 생산하는 가구회사 사장을 만나 가구영업에 나서게 되었다. 그는 하루에 100여 곳 넘는 가구 도·소매점을 찾아다니며 영업을 하였다. 회사 사장은 열심히 일하고 '높은 성과'를 내는 그를 무척 아꼈다. 그러자 동료들의 시기가 심해졌다.

"구두가 헤질 정도로 열심히 뛰어다녔죠. 정말 열심히 했습니다. 월 매출액을 종전보다 세 배 이상 끌어올렸어요."

1984년 조그만 사무실을 열고 사업을 시작하였다. 공장장과 생산부 직원 등 모두 3명이 동업하기로 하였다. 그러나 자본도 부족하고 서로의 업무에 대한 이해도 부족하였다. 동업 2년 만에 헤어지게 되었다.

"동업이 잘되면 자기 탓이고, 안 되면 남의 탓이잖아요. 안 될 때 서로 상대방 잘못으로 떠넘기고, 싸우다 보니 동업이 유지될 수 없었어요."

세 번 넘어져도 네 번 일어서다

1986년 그의 나이 31살에 세운상가에 사무실을 내고 협진기업사를 창업하였다. 창업 자금은 250만 원이 전부였다. 경기도 남양주에 300평 규모의 공장을 임대하였다. 하지만 자금이 모자라 생산설비는 들여놓지 못하고 창고로 썼다. 당시 초등학교와 중·고교에 컴퓨터 교육 바람이 불면서 외주 제작한 '컴퓨터용 책상'이 인기리에 팔려 나갔다.

"직원이 30여 명으로 늘고 월 매출액도 1억 원대를 넘어섰어요. 주문량이 넘쳐 협력업체도 감당못할 정도였어요."

그는 창업하고 쉼 없이 달렸다. 하루하루가 즐거웠다. 1990년 늘어나는 수요를 감당하기 위해 자체 공장을 마련하였다. 더욱 잘 나가기 시작하였다. '가속페달'을 밟던 그에게 1991년 3월 첫 시련이 닥쳤다. 옆 공장에서 난 불이 옮겨 붙어 공장이 전소된 것이다.

"불법 건물이어서 보험도 안 들었고, 불을 낸 공장이 영세공장이다 보니 보상도 못 받았어요. 매출은 없는데 발행한 가계수표 막을 날은 다가오는 거예요. 거래 은행에서 그동안의 신용을 인정해 자금 지원을 해줘 간신히 고비를 넘겼습니다."

하지만 어려움은 이것만이 아니었다. 화재가 난 그 자리에 천막을 치고 기계를 들여놓았다. 얼마 지나지 않아 시에서 불법 건축물이라며 굴삭기로 두 번이나 철거하였다. 그럼에도 재기의 꿈은 꺾지 않았다.

1993년 3월, 봄기운이 완연한 계절이었다. 공단에 입주하면 여러 가지로 신경 쓰이는 것이 적을 것으로 생각하였다. 그래서 찾아간 곳이 남양주시 성생공단이었다. 처음에는 200평짜리 공장을 임대하였다. 이곳에서 일반 사무용 가구를 새로운 아이템으로 추가하였다. 회사가 쑥쑥 성장하였다.

화재 후 사업이 번창한다는 말이 틀리지 않았다. 1년 반만에 성생공단 내 620평의 공장 부지를 2억 4,000만 원에 매입하였다. 1995년

7월, 공장을 짓고 5억 원을 들여 최신 설비를 들여놓았다. 그는 자체 공장을 갖자 의욕을 불태우기 시작하였다. 공격 경영을 해야겠다는 생각이었다. 그래서 최신 기계를 수입해 오기도 하고, 영업직원을 늘리고 제품 광고도 강화하였다. 중소기업으로서는 드물게 '디자인팀'을 두기까지 하였다. 공장 신축 후 2년여 동안 무려 5억 원 정도를 쏟아부었다. 투자를 마무리할 때쯤 IMF 경제위기가 닥쳐 매출이 절반으로 떨어졌다. 수금이 잘 되지 않자 1998년 7월 31일 1차 부도, 8월 2일 2차 부도를 내고 말았다. 당시 부도낸 금액은 약 8억 원이었다.

"내가 부도를 냈다고 하자 거래처마다 거짓말이라며 아무도 믿으려하지 않더군요. 부도를 내자 찾아오는 채권자가 없었어요. 오히려 금융권이 나서서 도와주었습니다."

그는 좌절하지 않았다. 1998년 8월 새 출발하는 의미에서 회사를 새로 설립하고, 상호를 ㈜우드메탈로 정하였다.

"우드메탈이라는 상표를 사실 미리 등록해놓았어요. 우드와 메탈의 합성어예요. 이 두 가지가 조화를 이루는 차별화된 제품을 만들겠다는 생각이었어요."

협력 업체가 원자재 등을 외상으로 공급해주는 등 주변의 도움으로 빠르게 정상화되었다. 2001년부터는 사무용 가구를 고급화하였다. 매출이 급속도로 올라가기 시작하였다.

2003년 2월 27일 또 다시 그에게 시련이 닥쳤다. 이번에는 누전으로 화재가 발생하였다. 제품 및 원자재가 모두 불에 타버렸다. 피해액만 60억 원에 달하였다.

"제품과 원자재가 시뻘건 불 속으로 걷잡을 수 없이 빨려들어가는 것을 보면서 눈물을 흘렸어요. 어떻게 해야 할지 망연자실했습니다. 1991년 화재 경험이 있어서, 1995년에 부지를 매입하고 공장을 지을 때는 '화재보험'에 반드시 가입하려고 했어요. 그런데 당시 보험사에서 가구공장에 화재가 많이 난다고 받아 주지 않아서 가입하지 못했습니다. 이번에는 나도 충격을 심하게 받아 며칠동안 몸이 좋지 못했습니다."

그러나 그는 이번에도 툴툴 털고 일어났다. 좌절하고 있을 수 없었다. 급한 건부터 하나하나 수습하기 시작하였다. 납기가 도래한 계약 건은 납기 연장을 요청하고, 협력업체를 통해 납품을 마쳤다. 이번에는 그의 재기가 어렵지 않겠느냐는 소문이 돌았다. 그러나 그는 흔들리지 않았다. 비어 있는 옆 공장을 얻었다. 매출이 전년도에 비해 30% 정도 줄어들었다.

공장이 전소되고 손실이 60억 원이나 발생해서 재기가 힘들 것이라고 소문이 났는데도, 그가 거래하던 거래처에서는 설비와 원자재를 외상으로 주는 등 그의 재기를 적극 도와주었다.

"거래를 하신 분들이 나를 믿고 주신 거죠. 신용이 있었기 때문이에요. 경쟁 업체에서 조금 더 싸게 준다고 해서 거래처를 옮긴다거나 그러지 않았어요. 그것은 사업을 시작한 이후 반드시 지키고 있는 원칙이에요. 그래서 나를 더 믿게 된 것 같아요."

2005년 지금의 부지에 20억 원의 대출을 받아 다시 공장을 시작하였다. 이번에도 좌절하지 않았다. 한두 번도 아니고 세 번이나 위기를 맞았다. 그러나 그는 포기하지 않았다. 보통 사람은 포기하고 좌절했을 것이다. 그는 다음과 같이 말한다.

"상황이 어렵다고 포기하면 되나요? 끝까지 해야 합니다. 어렵다고 포기하면 인생이 끝나는 거예요. 어쨌든 한번 시작했으면 밀어붙여야지. 자꾸 업종을 바꾼다든가 그러면 제대로 되겠어요?"

기업경영 전략에 대하여

중소기업임에도 불구하고 2008년부터 광고를 꾸준히 하고 있다. 방송 광고는 매출 실적에 따라 진행 여부를 결정한다. 탤런트 강소라가 신인일 때 우드메탈 방송 광고에 나오기도 하였다. 우드메탈은 20~30대가 찾는 브랜드를 지향하고 있다.

"제조업의 심각한 문제는 제조할 사람이 없다는 것입니다. 제조업은 청년들이 많아야 희망이 있다고 생각해요. 그래서 우리 회사 공장장이 29살에 불과하고, 직원들 대부분이 20대 청년들이에요. 미래를 내다 볼 수 있는 회사를 만들려고 '꿈나무'를 키우고 있어요."

그는 예술과 문화에 대하여 유독 관심이 많은 CEO로 알려져 있다. 문화·예술 계통에 꿈이 있었던 것은 아닌지 물었다.

"어렸을 때 꿈은 영화감독이 되는 것이었어요. 어쩌다 보니 사업을 하게 되었어요. 기업하는 사람으로서 다양한 문화 콘텐츠를 알고 있어야 한다고 생각해요. 나는 이를 사업에 접목하려고 하고 있어요. 무엇보다 제품이 소비자의 감성에 맞아야 하는 거라고 생각합니다."

그는 다른 CEO에 비해 유독 어려운 고비가 많았다. 그때마다 위기를 극복하였다. 그가 성공한 사업가라는 생각이 들었다. 이에 대하여 그는 다음과 같이 답변하였다.

"사업이 성공하였다고 생각하진 않아요. 진짜 성공하려면 아직 멀었어요(웃음). 사업이라고 하는 게 나 혼자 끌고 갈 수 없잖아요. 지금은 나에게 한계가 왔을 때, 다른 사람에 의해 기업이 지속 가능하도록 하는 '토대'를 만드는 데 집중하고 있어요. 이 업계에서 100년 이상 가는 기업으로 만들고 싶습니다."

마지막으로 청년들에게 힘을 줄 수 있는 말을 부탁하였다. 그는 다음과 같이 말한다.

"한번 발을 담갔으면 두 발만 담그지 말고 온몸을 던져야 합니다. 콧잔등에 땀이 흐를 정도로 전력투구해야 합니다. 그렇게 하면 하는 일이 다 잘될 수밖에 없어요. 대충하는 심정으로 하면 어떤 일도 해낼 수 없어요. 항상 직원들에게 그렇게 얘기하고 있고, 나는 지금도 그렇게 하고 있습니다."

그는 목재와 금속이 잘 어울리는 디자인을 가구에 접목해 최고의 우드메탈 가구를 만들겠다는 각오를 다지고 있다. 직접 가구 디자인에 참여하고 있다. 그는 오늘도 뜨거운 열정으로 뛰고 있다. 우드메탈이 청년들이 선호하는 브랜드가 될 것을 기대해본다.

10

우직한 열정으로 도전하라

무엇보다 불현듯 떠오르는 부정적인 생각을 버리는 것이 중요합니다. 그리고 곧바로 '도전'해야 합니다. 지체하면 안 됩니다. 도전만 하면 누구나 성공할 수 있을 것이라고 생각합니다.

㈜아이템 대표이사 이선국은 체육대학을 졸업한 후 학생들을 대상으로 '태권도'를 가르쳤다. 1980년 30살도 안 되는 나이에 목재업을 시작하였다. 사업을 하면서 외부 환경에 의한 어려움이 여러 번 있었지만, 이러한 위기를 '돌려차기' 한판으로 모두 극복하였다. 30년 넘게 '목 창호' 한 분야에 우직하게 종사하고 있다. 기술력을 인정받아 연매출 350억 원대를 꾸준히 기록하고 있다.

운동에서 사업으로 진로를 바꾸다
이선국 대표를 처음 봤을 때 그가 굉장히 건장해 보인다는 느낌을

목표 없이 열정이 있을 수 없고 열정 없이 목표에 도달할 수 없다.

받았다. 시간이 흐른 후 학창 시절 운동을 좋아해 그가 '체육대학'을 나왔다는 이야기를 들었는데, 그렇게 보인 이유가 이해가 되었다. 그는 대학 졸업 후 전공에 맞추어 학생들에게 '태권도'를 가르치는 일을 하였다. 1980년 어느 날 지인으로부터 강남이 개발되니 '목재업'이 전망이 있을 것이라는 얘기를 우연히 들었다. 그는 그 말을 듣자마자 시장 조사를 시작하였다. '목재업'이 충분히 사업성이 있을 것이라는 확신이 들었다. 학생들을 가르치며 모은 '종잣돈'을 털어 그동안 본업으로 생각했던 '운동'에서 '목재업'으로 진로를 과감하게 바꾸었다. 강남구

신사동에 있는 나대지 400평을 보증금 500만 원, 월세 50만 원에 계약해 목재업을 시작하였다.

사업을 하면서 1982년도 '명성콘도 부도', 1999년도 '목재수입 환차손 발생' 등 어려움이 많았다. 그러나 우직한 뚝심으로 어려움을 모두 극복하였다. 지금은 '목 창호' 분야에서 350억 원 넘게 매출을 기록 중이며 매년 성장하고 있다.

그와의 인터뷰 전문을 여기에 싣는다. 그의 답변은 굉장히 쾌활하고 시원시원하였다.

부정적인 생각을 버리고 도전하라

"사업을 하면서 가장 큰 위기가 무엇이었나요? 어떻게 극복하셨습니까?"

"1982년도에 김철호 명성그룹 콘도에 목재 제품을 납품하였는데, 그때 명성그룹이 부도가 났어요. 부도를 맞은 금액이 3억 원이었어요. 첫아이 분유 값도 없어 얼마나 힘들었는지 모릅니다. 그런데 협력사 두 군데서 나의 신용을 믿고 원목을 매입할 수 있도록 원자재 구매 자금을 빌려주었습니다. 평소 나 혼자 잘살기 위해서 업계에 적을 많이 만들었다면 재기가 힘들었을 거예요. 아마도 주변의 도움을 못 받아 사라졌을지도 모릅니다. 나는 지금도 동종 업계 경쟁사 그리고 협력

업체들과 상생할 수 있도록 많은 부분을 소통하고 있습니다."

직접적으로 그에게 그의 성공요인이 무엇인지 물었다.

"도전입니다."

화끈한 성격처럼 그는 막힘없이 답변하였다. 그리고 계속 말을 이어나갔다.

"무엇보다 불현듯 떠오르는 부정적인 생각을 버리는 것이 중요합니다. 그리고 곧바로 '도전'해야 합니다. 지체하면 안 됩니다. 도전만 하면 누구나 성공할 수 있을 것이라고 생각합니다. 시도도 해보지 않고 포기한다면 아무것도 이루어낼 수 없습니다. 나는 직원들에게 '실패'를 해야 성공할 수 있다고 강조합니다. 실패가 두려워 '시도'조차 하지 않으면 어떻게 성공할 수 있을까요?"

요즘 경제도 어렵고 실업률도 높다. 많은 청년들이 취업에 어려움을 겪고 있다. 청년들에게 들려 주고 싶은 이야기가 있는지 물었다.

"요즘은 막연하게 대학을 가기 위해 공부하는 학생들이 많은 것 같습니다. 나는 학생들에게 '꿈'을 가지라고 말하고 싶습니다. 자신이 하고 싶은 꿈이 있어야 '성취'를 위한 '목표'가 생깁니다. 그리고 이를 달성하기 위해 '추진력'이 생긴다고 생각합니다. 목표를 설정하고 하나하나 달성하다보면, 어느새 자신의 '꿈'이 이루어져 있을 것입니다."

그는 할 말이 많은 듯 계속 말을 이어나갔다.

"요즘은 대다수 청년들이 '공무원' 등을 선망하고 있고 해마다 공무원 경쟁률이 올라가는 추세에 있는 것 같습니다. 이렇게 가다가는 우리나라 경쟁력이 떨어지지 않을까 우려됩니다. 나는 학생들에게 '기술자'가 되라고 조언하고 싶습니다. 현장에서는 기술자가 부족합니다. 청년들이 기술직을 기피하면서 현장에 있는 기술자들 대부분이 고령화되고 있습니다.

앞으로 10년 후에는 한국인 기술자가 사라질 것으로 보입니다. 1970년대 우리나라가 급속하게 발전하게 된 이유는 많은 학생들이 '기술'을 배우려고 하였기 때문입니다. 다시 한국 사회가 '기술자'를 우대하는 사회로 변모하지 않을까 기대해 봅니다."

회사에 관련된 중요한 결정을 할 때 그가 어떠한 것을 중요하게 생각하는지 물었다.

"회사를 창업하고 나서 바로 인감도장을 새겼습니다. 평생 간직할 생각으로 '상아도장'을 새겼어요. 그런데 그 도장은 앞뒤 표시가 없었습니다. 그때 인감을 파주시던 할아버지가 하신 말씀을 평생 마음에 담고 있습니다. '도장 찍을 일이 있으면 꼭 앞면과 뒷면을 찾는 동안에 다시 한 번 생각하라'는 말씀이었습니다.

그는 "회사의 중요한 의사 결정 순간에 여러 번 생각한다."라고 말한다.

"앞에서도 이야기했지만 나는 한번 결정하면 일을 뚝심 있게 추진하는 편입니다. 그래서 더 신중하게 생각하려고 노력합니다. 지금 내가 하는 결정이 현재와 미래 시점을 기준으로 정말 후회하지 않을 결정인지 여러 번에 걸쳐 생각합니다. 이렇게 생각하는 습관이 사업을 하면서 실패를 많이 줄이지 않았나 생각합니다."

공부하고 준비해야 기회를 잡는다

목재업이 '사양 산업'일 수 있는데 위기를 잘 견뎌낸 것 같았다. 그에게 회사 전략이 무엇인지 물었다.

"목재 제조업을 하는 회사들이 많이 사라지고 있어요. 합성 목재 제품을 생산하는 기업들이 그 자리를 차지하고 있습니다. 나무 제품을 공급한다는 것이 많은 어려움이 있는 것이 현실이에요. 그러나 '사람은 나무와 함께 살아야 한다'는 신조로 30년 이상 목재 제품을 개발하여 생산하고 있습니다. 지금까지 사업을 하면서 느낀 것이 있다면 우직하게 한길로 가는 것이 결국에는 보상받는다는 것입니다. 언젠가 소비자가 '나무 제품'을 찾기 시작할 겁니다."

그는 동의를 구한다는 듯이 나를 바라보며 말을 이어나갔다.

"이 정도로 성과를 낼 수 있게 된 이유를 꼽자면 우직하게 한 우물만 판 결과라고 생각합니다. 앞으로도 계속 기술을 개발하고 최고의 품질로 승부할 것입니다. 지금처럼 도전 정신으로 기술을 개발하고 직원들의 역량을 키우다 보면 지금보다 더 큰 기업으로 도약할 것이라고 확신합니다."

이어서 그는 중소기업 CEO들에게 다음 사항을 당부하였다.

"우리 회사가 위기를 극복하고 이렇게 성장하게 된 주요한 요인은 '교육투자'의 효과라고 생각합니다. 직원들이 필요로 하는 외부교육 등이 있으면 수시로 보내 직원 역량을 키워 회사발전의 밑거름으로 만들었습니다. 주변 사장들 중 일손이 부족하다고, 비용이 들어간다고, 교육 투자를 소홀히 하는 사장이 있는데 그것은 우려스러운 일입니다."

중소기업을 운영하는 것은 정말 어려운 일이다. 사양 산업인 목재업에서 그가 성공할 수 있었던 이유는 '두려움 없는 도전' 때문이 아닐까? 굉장히 뚝심 있고 저돌적인 추진력을 가진 CEO라는 생각이 들었다. 그래서 그가 사업하면서 '후회'가 없을 것 같았다.

"지금까지 사업을 하면서 후회되거나 아쉬웠던 일이 있는지요?"

그는 한참 생각하다 대답하였다.

"1998년 어느 날, 고등학교 후배가 나를 찾아왔어요. '인터넷을 통한 상거래 사업'과 관련된 자본금 2억 원 투자 요청 건이었어요. 거기에는 그 친구의 도전정신, 미래 사회에 대한 전망 등이 충실하게 담겨 있었습니다.

1997년 IMF 경제 위기 때 사실 우리 회사도 목재수입 환차손으로 힘들 때이기도 했지만, 무엇보다 '인터넷'이 무엇인지 잘 몰랐어요. 그래서 그 제안을 정중히 거절했습니다."

잠깐 그가 호흡을 멈췄다. 그리고 이야기를 계속하였다.

"그 회사가 어딘지 아세요? 바로 인터파크입니다. 당시 나를 찾아

왔던 후배가 인터파크 이상규 회장입니다. 그 후 시간이 흘러 인터넷 세상이 도래했어요. '좋은 투자' 기회를 놓친 것을 자책하기도 했어요. 아무리 기회가 와도 공부가 되어 있지 않으면 내 것이 될 수 없음을 그때 알게 되었습니다."

목재에 대해 몰랐지만 '가능성'을 믿고 진로를 과감하게 바꾼 것처럼, 당시 그가 인터넷을 알았다면 그의 인생이 달라졌을지도 모른다.

지금 도래하는 '4차 산업혁명'도 제대로 잘 준비해야 우리와 같은 개인들도 치열한 '생존경쟁'에서 살아남을 수 있지 않을까. 철저한 준비 없이 맞이한 미래는 위험해질 수 있다. 기회는 공부하고 준비한 사람에게만 주어진다. 명심하자.

11

멀리 가기 위해 필요한 것들

대부분 사람들은 자신들이 경험하지 않은 일에 대해서는 잘 알지도 못하면서 부정적 얘기들을 많이 합니다. 그런데 그분들은 항상 긍정적인 말씀을 많이 해주셨어요. 나도 그렇게 되고 싶다고 말하면 항상 잘될 거라 격려해주셨어요. 그래서 많은 용기를 얻었어요.

(유)애니체 대표이사 박점희는 1988년 21살 어린나이에 결혼을 하고 가정주부로 살았다. IMF 여파로 1998년 남편이 실직하면서 '의자 제조업'에 뛰어들었다. 2003년 자체 공장을 설립하여 입주하면서 기술개발에 본격적으로 착수하였다. 부품을 받아와 단순히 의자를 조립하고 납품해서는 성장에 '한계'가 있다고 생각했기 때문이다. 2015년부터 R&D 투자에 대한 효과가 본격적으로 나타나기 시작하면서, 연간 매출액이 100억 원을 돌파하기 시작하였다. 기술력을 인정받아 싱가포르, 두바이, 핀란드 등 세계 각국에 수출도 이루어지기 시작하였다.

조금씩 배우며 성장하다

박점희 대표는 경상북도 영주에서 태어났다. 고등학교를 졸업하고 부산에서 일하던 중 지금의 남편을 만났다. 그녀의 나이가 21살이었고, 남편이 23살이었다. 남편은 부모 없이 조부모 품에서 자라 외로움이 많았다. 그래서 그런 남자친구를 보살펴 주고 싶어서 결혼을 서둘렀다. 그런데 사람들은 '전라도 남자'와 '경상도 여자'의 만남을 신기한 눈으로 바라봤다.

그녀의 아버지는 남편에게 잘살겠다는 '각서'를 받고 결혼을 승낙하였다. 딸이 좋다고 하니 반대하지 않고 승낙하였다고 한다.

"아버지의 조건이 세 가지 있었어요. 남자는 군대를 다녀와야 하고, 양친이 있어야 하고, 전라도 남자는 안 된다는 거였어요. 남자친구는 아버지의 '사위 감 조건'에 하나도 충족되지 않았어요. 그런데 각서 한 장을 받고 그 사람을 사위로 받아들였어요."

1988년, 그녀는 초스피드로 결혼하였다. 남편은 광주광역시에 있는 '아시아자동차'에 입사하였고, 그녀는 남편을 따라 광주로 이사하였다. 남편을 내조하고 아이들을 뒷바라지하며 평범하고 행복한 '가정주부'로 시간을 보내고 있었다.

그런데 1997년, IMF 외환위기가 터지면서 평화롭기만 했던 그녀의 가정에도 위기가 닥쳤다. 10년간 아시아자동차에 근무하던 남편이 회사의 어려움으로 인해 결국 퇴직한 것이다. 남편이 밖에서 일해 벌어 온 돈으로만 살림을 꾸려가던 그녀도 집에서 한가로이 지낼 수 없는 상황이었다. 그러나 10년간 전업주부로 생활하며 이미 '경력단절'이 된 그녀를 불러주는 회사는 없었다.

그렇게 온 가족이 절망에 빠져 있을 때 부산광역시에서 의자 공장을 하는 친척에게 연락이 왔다. 자신이 운영하는 공장에서 '의자제조 기술'을 배우라는 것이었다. 그때 그들 부부는 뭐라도 해야 하였다. 아이들을 조부모에게 맡기고 1년 동안 같이 부산으로 가 기술을 배우기로 하였다.

"남편은 나랑 같이 해야 의자공장을 하겠다는 거예요. 아이들은 시할머니가 봐 주셔서 둘이 부산에 가 의자 만드는 기술과 영업 판로 등을 1년 동안 배웠어요."

그때만 해도 광주광역시에 있는 의자 공장은 손에 꼽을 정도였다. 이 지역에서 시중에 유통되는 제품은 대부분 수도권에서 생산되는 제품으로 지역 소비자의 '선택 폭'이 좁은 것이 현실이었다.
두 사람은 1년 동안 의자제조 기술, 제품 판로 등에 대한 '시스템'을 차근차근 배웠다. 1999년 11월 남편의 퇴직금과 수중에 있던 돈을 모두 합친 4,000만 원, 친척에게 빌린 6,000만 원으로 어렵게 창업하였다. 전남 나주 농공단지 내 150평 규모의 창고를 임대해 사업을 시작한 것이다. 고용 직원은 4명이었다.

"아이들은 엄마의 손길이 한창 필요한 초등학교 1, 2학년이었는데, 다행히 시할머니께서 살뜰히 보살펴 주셨어요. 그 덕분에 아이들에 대한 걱정은 잊고 오로지 사업에만 집중할 수 있었어요."

공장이 위치한 농공단지가 도심으로부터 멀리 떨어진 외지에 위치해 있다 보니 어려움이 많았다. 그녀는 직접 차를 운행하며 직원들의 출·퇴근을 책임져야 하였다. 한겨울, 오르막길을 오르기도 힘들어 사고가 날 뻔한 경우가 수차례 있었다.

회사 설립 당시 자본금을 빌려 시작했고, 자금이 부족하다 보니 그녀와 남편은 만능이 되어야 하였다. 그녀는 직원 출·퇴근 차량 기사부터 경리 업무와 원단 재단, 미싱, 조립까지 도맡았다. 그녀의 남편은 대리점에 영업과 납품, 배달을 하며 판로를 확보해 나갔다. 새벽 5시에 출근해 이튿날 새벽 2시까지 일하고 퇴근하는 것을 몇 년간 계속하였다.

당시 지역 가구 대리점에서 소량 주문이 많이 들어왔다. 거리상 1시간가량 소요되는 대리점에서 의자 한두 개를 주문하는 경우도 허다하였다.

"한두 개의 주문도 마다하지 않고 기쁜 마음으로 기꺼이 배달했어요. 우리 회사를 알린다는 마음으로 적극적으로 일하다 보니 거래처에서 우리를 좋아하게 된 것 같아요."

의자 공장을 한 지 얼마 되지 않은 어느 날, 거래처에 납품한 의자가 '불량'이라는 연락을 받았고, A/S를 처리하느라 다른 일을 전혀 하지 못하는 일이 발생하였다. 그런 일이 몇 번 있은 후 그녀는 처음부터 불량이 발생하지 않도록 엄격한 '품질관리 시스템'을 도입하였다.

"초기에는 경험이 없었어요. 불량 원인을 찾고 문제를 해결하는 데 시간이 너무 많이 걸렸어요. 잘못된 제품이 밖으로 나가면 비용이 더 많이 들어가는 것을 깨달았어요. 회사 이미지 추락은 말할 것도 없고요. 그때부터 좋은 자재를 쓰고 품질을 엄격하게 관리하려고 노력했어요."

1년 동안 많은 시행착오와 경험이 쌓이면서 자신감이 생기기 시작하였다. 공장입지 조건이 좋지 않은 점을 해소하기 위해 광주 시내로 진출하기로 하였다.

차별성이 성장 동력이 되다

창업 1년 후 시내에 있는 창고를 얻어 공장을 이전하였다. 공장 등록증을 발급받아 공공조달 거래를 시작하려고 하였다. 그러나 무허가 건물이라 공장 등록증을 발급받을 수 없었다.

"공장이 무허가 건물인 줄 몰랐어요. 공장등록증을 받으려면 다시 이사를 가야 할 상황이었어요. 여기에서 한 번 '큰벽'에 부딪쳤어요. 무리가 되더라도 내 공장이 있어야겠다고 생각했어요. 친정을 비롯해 여기저기 돈을 빌려 인근 지역에 땅 300평을 사고 건물을 지어 2년 만에 이사를 했어요."

2003년 그녀는 자체 공장을 설립하고 입주하면서 기술개발에 본격적으로 착수하였다. 단순히 부품을 받아와 의자를 조립하고 납품해서는 '성장'에 한계가 있다고 생각했기 때문이다. '기술개발'과 '품질향상'에 초점을 맞췄다. 시중에 나와 있는 의자보다 디자인과 기능성 면에서 뛰어난 '자체브랜드'를 만들고 싶다는 의지가 컸다.

그녀의 남편은 은행 창구 직원들이 의자에 방석을 대고 불편한 자세로 앉아 업무를 보는 모습에 '오래 앉아 있어도 편안한 의자'를 만들자고 제안하였다. 그래서 사무용 시스템 의자의 '기능성'에 초점을 맞춰 '신제품' 개발을 시작하였다. 막상 '기술개발'을 시작했지만 힘든

날의 연속이었다. '자금 부족'으로 허덕였고 '판로확보'에도 어려움을 겪었다.

2006년에는 장소와 시간, 사용자의 구분 없이 누구나 편하게 쓸 수 있는 의자를 만들자는 의미로 회사명을 '애니체'로 변경하였다.

의자를 개발하는 과정은 어려움의 연속이었다. 의자 하나를 개발하는데 최소 3억 원 이상 들어갔다. 또한 완제품이 출시될 때까지 2년 이상의 제품개발 기간이 소요되었다. 물론 개발 과정에서도 많은 '시행착오'를 겪어야 하였다.

"차별성이 없으면 경쟁력이 없다고 생각했어요. 남과 똑같아서는 결국에는 문을 닫을 수밖에 없어요. 경쟁업체들이 우후죽순 생겼지만 대다수가 사라졌어요. 기술개발하는 데 많은 시련과 난관이 있었지만 결코 포기할 수 없었던 이유입니다."

2010년에는 R&D를 전문적이고 본격적으로 수행하기 위해 '자체 부설 디자인 연구소'를 설립하였다. 의자 디자인뿐만 아니라 금형설계, 사출 성형 등을 별도로 연구한다. 기존 의자 제조업체들과는 '차별성 있는 기술개발'에 역점을 두고 있다. 2011년 기능성 의자 시장에 '네온'으로 도전장을 던진 후 '신제품'을 지속적으로 내놓고 있다.

R&D 투자에 대한 효과가 나타나기 시작하면서 2015년부터 연간 매출액이 100억 원을 돌파하기 시작하였다. 회사 매출액의 5%는 개발비에 꾸준히 투자하고 있다. 과감한 투자가 없었다면 지금처럼 성장할 수 없었을 것이다.

감사한 마음으로 사업을 하다

그녀는 의자 가공업을 시작하고 '사업실패'에 대한 걱정과 불안이 컸다고 한다. 이것을 어떻게 이겨냈는지 궁금하였다. 그녀는 다음과 같이 말하였다.

"내 주변에 '멘토'들이 많이 계셨어요. 그분들에게 감사하게 생각하고 있습니다. 공장에서 숙식하면서 거칠고 험난했던 시절의 어려움을 겪었던 분들이에요. 그분들의 사회 경험과 지혜에 기대고 위로를 받았어요. 그래서 오늘이 있는 것 같습니다. 대부분 사람들은 자신들이 경험하지 않은 일에 대해서는 잘 알지도 못하면서 부정적 얘기들을 많이 합니다. 그런데 그분들은 항상 긍정적인 말씀을 많이 해주셨어요. 나도 그렇게 되고 싶다고 말하면 항상 더 잘될 거라 격려해주셨어요. 그래서 많은 용기를 얻었어요."

그녀와 그녀의 남편은 일종의 '성공적 동업관계'를 하고 있는 것이 아닌가 하는 생각이 들었다. 그녀에게 그 '비결'을 묻자 다음과 같이 대답하였다.

"나 혼자는 못했을 것 같고요. 남편 혼자도 못했을 것 같아요. 공장을 키워가는 것은 내 몫이었고, 남편은 R&D를 적극적으로 했어요. 그런 것들이 굉장히 잘 맞아떨어진 것 같아요. 나는 공장에 투자하거나 외형을 키우는 일을 했어요. 그러면서도 남편이 하는 기술개발을 뒤에서 적극적으로 지원하는 역할을 했어요. 남편이 가끔 자금 생각 안하고 무리하게 기술개발을 하겠다고 하면 브레이크도 걸었습니다 (웃음). 일종의 분업이 잘된 것 같습니다. 10~20년을 내다보고 투자한 것들이 지금 맞아떨어지고 있어요."

갈수록 기업들 간의 경쟁이 치열해지고 있다. 이를 이겨낸 비장의 무기를 알려달라고 하자 그녀는 다음과 같이 말했다.

"첫 번째는 우리 직원들이에요. 사업을 시작한 순간부터 지금까지 늘 '직원들과 모두 다 같이 잘살고 싶다'는 생각으로 회사를 운영했어요. 창업할 때 입사한 직원이 현재 공장장이 됐어요. 10년 이상 장기근속자가 전체 직원의 80%에 달합니다. 직원 모두가 '내 회사'라는 생각으로 일에 임하다보니 회사의 매출도 오르고, 날로 성장할 수밖에 없다는 생각이 들어요. 초창기에는 직원들의 월급을 주기에도 빠듯했던 회사가 이렇게 연매출 120억 원대 회사로 우뚝 서게 된 것은 모두 직원들의 힘이라고 생각합니다."

그녀는 물을 한잔 들이키며 말을 이어나갔다.

"두 번째는 내가 생산하는 제품에 대한 '자부심'입니다. 우리 직원들은 어떤 고객이 어떤 의자에 대해서 물어봐도 모두 대답할 수 있어야 한다고 생각해요. 모른다고 대답하면 안 됩니다. 적극적으로 공부해서 알려주겠다고 해야 합니다. 우리는 세상에 나와 있는 모든 의자에 대한 품질, 기능 및 성능에 대해 모든 것을 공부할 자세가 되어 있습니다. 그래서 일본, 독일 등의 전 세계 '명품 의자' 등을 구입해 공부하고 있고, 이런 의자를 반드시 만들고 싶다는 소망이 있어요."

그녀는 2010년 이후 대내·외 마케팅을 강화하고 있다. 2010년 중국 광저우 전시회에 참여한 이후 매년 해외 전시회에 참석하고 있다. 2012년부터는 지역광고를 시작하였다. 기술개발을 통해 '좋은 제품'을 시중에 내놓는 것도 중요하지만 그에 못지않게 제품을 널리 알리는 것 또한 중요하기 때문이다. 국내 드라마인 '골든타임', '태양의 후예' 등에 PPL[5] 광고도 하고 있다.

---

5) 'Product Placement'의 약칭이다. 영화나 드라마 화면에 기업의 상품을 배치해 관객들의 무의식 속에 그 이미지를 자연스럽게 심는 간접광고를 통한 마케팅 기법

애니체는 자금 부족과 판로 확보의 어려움에도 꿋꿋하게 이겨내고 어느덧 창업 20년을 맞이하였다. 그녀는 이 모든 것이 주위에서 도움을 준 덕분이라며 이를 잊지 않고 감사한 마음을 표현하고 있다. 그녀는 돈을 많이 버는 것보다 더 중요하게 생각하는 가치가 있다. 자신이 생산하는 의자가 사람들로부터 '명품'으로 인정받는 것이 그녀의 '꿈'이다.

12

시련은 있어도 실패는 없다

아무 불빛도 없는 산길을 혼자서 매일 걸을 수 있을까? 생각해보면……, 지금은 못할 것 같아요. 아랫마을까지는 친구들과 함께 오지만 그 다음부터는 캄캄한 어둠 속 별빛만 보고 산길을 혼자 걸어야 했어요. 비라도 오는 날에는 칠흑 같은 어둠이었어요. 아무것도 보이지 않는 어둠 속을 걷고 있었지만, 집이라는 목적지가 있었기 때문에 참고 견딜 수 있었어요. 어른이 되어서도 꿈이 있었기 때문에 길을 잃지 않았습니다. 그때 어려워도 좌절하지 않고 헤쳐 나가는 '담력'이 생긴 것 같습니다.

㈜진명아이엔씨 대표이사 권오복은 세 가구만 사는 '첩첩산중'에서 태어나 자랐다. 1992년 다니던 회사에 사표를 내고, 보증금 100만 원과 월세 10만 원으로 조그만 점포를 얻어 사업을 시작하였다. 고객의 신뢰를 얻기 위해 '허드렛일'도 거절하지 않고 적극적으로 일하였다. 1996년 대구 어린이 회관 공연장 음향공사를 수주하면서 방송장비 전문기업으로 인정받기 시작하였다. 2006년 '조합단체수의 제도'가 폐지되는 어려움을 겪기도 했지만 적극적으로 기술개발을 하면서 회사가 도약하는 계기가 되었다. 지금은 170억 원 이상의 연매출을 올리고 있다.

차근차근 근력을 키우다

권오복 대표는 충북 영동의 깊은 산속에서 태어나 자랐다. 세 가구만 사는 첩첩산골이었다. 산속에서 할 수 있는 것은 다랑이[6] 논과 개간한 밭에다 농사를 짓는 것이 전부였다.

6살 어린 나이에 누나를 따라 초등학교에 들어갔다. 그러나 쉽지 않았다. 어린 나이에 산길 따라 개울 건너 4km의 길을 다닌다는 것은 쉬운 일이 아니었다. 결국 초등학교 1학년을 유급하게 되었다. 어렵게 초등학교를 졸업하고 면 소재지에 있는 중학교에 입학하게 되었다. 이번에는 더욱 설상가상이었다. 중학교까지 거리가 8km나 되었다. 하루 16km를 걸어 다녀야 하였다.

"아무 불빛도 없는 산길을 혼자서 매일 걸을 수 있을까? 생각해보면……. 지금은 못할 것 같아요(웃음). 아랫마을까지는 친구들과 함께 오지만 그다음부터는 캄캄한 어둠 속 별빛만 보고 산길을 혼자 걸어야 했어요. 비라도 오는 날에는 칠흑 같은 어둠이었어요. 아무것도 보이지 않는 어둠 속을 걷고 있었지만, 집이라는 목적지가 있었기 때문에 참고 견딜 수 있었어요. 어른이 되어서도 꿈이 있었기 때문에 길을

---

6) 비탈진 산골짜기에 여러 층으로 겹겹이 만든 좁고 작은 논

목표 없이 떠나는 여행은 길을 잃을 수밖에 없다.
목표가 명확하면 좌절하고 있을 시간도 없다.

잃지 않았습니다. 그때 어려워도 좌절하지 않고 헤쳐 나가는 '담력'이
생긴 것 같습니다."

　학교 수업료와 육성회비를 내는 것이 그의 부모에게는 여간 힘든 게
아니었다. 육성회비 때문에 담임선생님에게 불려가고, 화장실 청소도
많이 하였다. 1979년 그는 고등학교 3학년 때 '실습' 명목으로 서울행

비둘기 열차를 타고 상경하였다. 막상 서울에 왔지만 '암담함' 그 자체였다. 하루를 노숙하며 벽보를 보고 찾아간 곳이 성남시에 위치한 어느 섬유공장이었다. 6개월 정도 일을 했지만 너무 터무니없는 월급과 그가 생각했던 일이 아니어서 그만두었다.

그는 친척이 소개해준 전파사에 들어갔다. 사장은 막 사업을 시작한 청년이었다. 가게는 작은 방이 딸린 점포였다. 둘이서 24시간을 같이 지내며 기술을 배우기 시작하였다. 당시는 지금의 삼성, LG처럼 서비스가 좋았던 시절이 아니어서 동네 전파사에 의존하던 시절이었다. 그는 사장이자 형에게 많은 것을 배웠다. 사장은 그에게 전자학원에 다닐 수 있는 기회를 주었다. 자격증을 취득하고, 일에 대한 노하우가 생기면서 그는 기술자로 인정받기 시작하였다. 사장인 형이 결혼하게 되면서 그곳을 그만두게 되었다.

1982년 A회사 서비스센터에 취업하게 되었다. 기사로서 보람도 있었고 월급도 많이 받게 되어 행복하였다. 그러다 1982년 11월에 군입대를 하게 되었다.

"시골에서 어머니가 돌아가시기 직전에 부대에 위독하다는 전보를 쳤는데 훈련 중이란 이유로 나에게 전달해주지 않았어요. 훈련이 다 끝나고 어머니가 돌아가셨다는 얘기를 들었어요. 그제서야 휴가를 보내줬어요. 집에 오니 이미 어머니 장례가 끝난 상태였어요. 그 당시 너무 화가 나고 슬펐어요. 부대에 복귀하지 않고 탈영하겠다고 소란도 피워 보았어요."

1985년 군 생활을 마친 후 서비스센터에 복직하였다. 그러나 열심히 일하고 인정받는 그를 다른 직원들이 시기하고 질투하였다. 1988년 그곳을 그만두고 새로 입사하게 된 곳은 '교회 음향 공사'를 전문으로 하는 조그만 회사였다. 그를 포함하여 직원이 5명인 '소기업'이었다. 그가 하는 일은 기술영업이었다. 주야를 가리지 않고 열심히 일하였다. 어느 날 사장은 분기별 목표 이상을 달성하면 '특별보너스'를 주겠다고 약속하였다. '동기부여' 덕분인지 더욱 열심히 하였다. 목표치를 초과 달성한 결과를 만들어 냈다. 그러나 사장은 약속과는 달리 특별보너스를 주지 않았다. 그는 상담도 해보았지만, 특별보너스를 주는 것은 사장의 권한이라며 약속을 지키지 않았다.

"약속을 저버린 사장님에 대한 '배신감' 때문에 그곳을 그만두게 되었어요. 지금은 그때의 사장님이 나에게 큰 교훈을 주신 것 같아 감사하게 생각합니다. 그 이후 '약속의 가치'를 마음속 깊이 간직하고 있습니다."

1992년 4년을 다녔던 회사에 사직서를 냈다. 인수인계 과정에서 한

달 동안 그에게 많은 회유와 만류가 있었다. 아무 대책도 없으면서 그는 사표를 제출하였다.

허드렛일부터 시작하여 신뢰를 얻다

회사를 그만둔 이유가 회사를 '창업'하기 위해서는 아니었다. 1992년 8월의 어느 날 자신도 한번 해보자는 생각이 들었다. 그가 가진 돈은 200만 원이 전부였다. 보증금 백만 원과 월세 10만 원에 뒷골목 점포를 얻었다. 그러나 막상 창업을 했지만 일이 전혀 없었다. 먹고살기 위하여 하루 일당으로 전화국 케이블 포설 작업을 하였다.

"교회만 영업하는 회사에서 퇴사하면서 약속한 것이 있었어요. 자신이 다른 회사에 들어가든 창업을 하든 절대로 교회영업은 하지 않겠다고요. 그래서 영업할 곳이 없었어요."

그러다 "문득 이런 일을 하려고 창업을 한 것이 아니다."라는 생각이 들었다. 그러다 평생 '일당쟁이'가 될 것 같은 두려움이 생겼다. 아무리 힘들어도 '막노동' 성격의 일은 하지 않기로 스스로 다짐하였다. 음향방송장비 사업은 그보다 먼저 진입해 있던 기업들이 많아서 일을 받기가 쉽지 않았다. 그는 고객의 신뢰를 얻기 위해 '허드렛일'도 거부하지 않고 적극적으로 일하였다.

"시청과 구청 등을 찾아다니면서 명함을 돌렸어요. 처음에는 문전박대도 많이 당했어요. 그래도 계속 인사하고 다녔어요. 그 일을 계속하다 보니 나에 대해 궁금해 하는 사람이 하나둘 생겼어요. 그러다 작은 일을 하나씩 받게 되었어요. 전주에 올라가서 전선을 연결하는 '허드렛일'부터 받아서 했어요. 그렇게 하다 보니 조금씩 인정받기 시작했어요. 성실하다는 '평판'이 생기면서 다른 분에게 소개도 해주고 그랬어요."

그의 성실성이 인정받기 시작하면서 '작은 일'들이 늘어나기 시작하였다. 동사무소에서 주민들에게 안내 방송하는 방송시스템 설치와 보수 등의 일이 많았다. 그러던 1995년 어느 날, 갑자기 하늘에서 소나기가 쏟아졌다. 그 날 일을 마무리하려면 네 개의 전주를 더 올라가야 하였다. 그는 급하게 전주에 올라가서 작업을 계속하였다. 정신을 잃었다. 그가 감전된 것이다.

"작업하는데 비가 갑자기 쏟아졌어요. 그것을 마무리하지 못하면 다음날 또 해야 하니 일 욕심이 있었어요. 전봇대 상부 변압기에서 빗물 타고 흐르는 전기를 먹고 정신을 잠깐 잃었어요. 그날 변압기에 직접 닿았거나 안전띠를 매지 않았다면 큰일 날 뻔했어요."

그런 시절이 지나고 그의 회사가 방송장비 전문기업으로 발돋움하기 시작한 것은 1996년 대구 어린이 회관 공연장 음향 공사를 수주하면서부터이다. 당시에는 수도권에 있는 기업들이 음향공사 일을 다 가져가는 시기였다.

"1996년 대구 어린이 회관 방송장비를 수주하면서 기술력을 인정받기 시작했어요. 지방에도 기술력 있는 기업이 있다는 것이 각인되는 계기가 되었어요."

1998년도에 들어서자 지방 도시에 문화예술회관이 건립되기 시작하였다. 더 많은 수주를 하게 되면서 그의 회사는 더욱 발전하기 시작하였다.

어려움을 극복한 힘은 추진력이다

그의 회사는 한국전자산업협동조합을 통해 일정 이상 물량을 확보하면서 매년 성장하고 있었다. '단체수의계약 제도'하에서는 표준화된 제품으로 계약을 체결하기 때문에 기술개발을 할 필요가 없었다. 그러나 2006년 조합원 간의 물량배정과 납품 등을 둘러싸고 잦은 분쟁과 민원 야기 등으로 '단체수의 계약제도'가 폐지되었다. 그는 제도 변화에 적극적으로 고민하기 시작하였다.

"당시 단체수의 계약제도하에서는 기술개발을 해야 할 필요가 없었어요. 전자조합을 통해 계약할 수 있으니까요. 어느 날 다른 분야를 하면서 방송장비 제조를 하는 회사 사장 한 분으로부터 연락을 받았어요. 기술, 특허 및 핵심인력을 인수하라는 거예요. 방송장비 사업에 한계가 와서 힘들어졌나 봐요. 연구원들에게 1억 원 이상 고액 연봉을 주면서 사실 연구개발을 하는 것이 쉽지 않습니다. 그러나 결단을 했어요. 무에서 유로 왔으면 그만큼 힘들었을 거예요. 기술을 가져와서 사업을 진행했으니 그만큼 빨리 갈 수 있었어요."

2007년 경쟁회사로부터 특허 소송이 걸려왔다. 변리사에게 상담한 결과, 전혀 문제가 없다고 하였다. 특허법원에서는 그가 승소하였다. 그러나 대법원 판결에서 특허권 침해로 패소하였다. 그에 따라 우수제품 지정도 취소되었다.

"변리사 말만 믿고 소송을 소홀히 대응했던 것이 화근이었어요. '하늘이 무너져도 솟아날 구멍이 있다'고 생각했어요. 속상했지만 이를 해결할 방법은 기술개발을 계속하는 것이었어요."

그는 좌절하지 않고 기술개발을 계속하였다. 새로운 기술개발 제품으로 다시 도전하여 우수제품에 지정되었다. 적극적인 R&D 투자 효과로 연 평균 매출액이 170억 원에 달하고 있다.

그는 사업을 하면서 한두 번 어려움을 당한 것이 아니었다. 그때마다 그가 의지했던 대상이 있다. 바로 현대그룹 창업주 정주영 회장이다. 그는 정주영 회장과 관련된 책을 읽고 따라 하려고 노력하였다. '해보기는 해봤어?' 특히 정 회장의 '강력한 추진력'을 닮고 싶었다. 그의 말대로 도저히 넘을 수 없고, 이길 수 없을 것 같은 일도 도전해서 성공하는 경우가 많았다. 다음은 그가 추천하는 정주영 회장의 어록이다.

1. 불가능하다고? 해보기는 해봤어?
2. 시련은 있어도 실패는 없다.
3. 운이 없다고 생각하니까 운이 나빠지는 것이다.
4. 성패는 일하는 사람의 자세에 달린 것이다.
5. 누구라도 신념에 노력을 더하면 뭐든지 해낼 수 있다.

그는 마음이 여린 사람이다. 그의 아내는 그래서 어떻게 사업을 하느냐고 가끔 그를 타박한다고 한다. 그는 사업을 하면서 뭐든 할 수 있다는 믿음과 이루고자 하는 의지를 갖추고 해보는 데까지 해보겠다는 마음으로 사업을 하다 보니 많은 것을 이루게 되었다고 한다.

그는 누구의 도움도 없이 혼자 사업을 시작하였다. 자본 없이 시작하다 보니 무척 힘들었다. 그는 영세기업부터 시작해서 여전히 중소기업으로서 '어려운 길'을 가고 있다. 어느덧 사업 규모도 커지고 직원 수도 늘어나기 시작하였다. 그 과정에서 감당하기가 쉽지 않았다. 변화하는 환경에 맞는 '유연한 조직체계'가 되지 않으면 순식간에 기업이 흔들릴 수 있다는 생각이 들었다.

그는 직원 교육 훈련, 업무 분장, 의사결정 방식 등 모든 절차와 방법의 개선 방안을 고민하였다. 외부 관리자를 4년간 채용해 컨설팅을 받기도 하였다. 지금은 조직이 안정되어 있다. 앞으로 '발전 가능성'이 크다고 스스로 자부하고 있다. 대부분 청년이 중소기업 입사를 꺼리고 있는데, 그 이유가 중소기업이 '안정성'이 떨어지기 때문이라고 생각한다. 그의 꿈은 청년들이 입사를 꿈꾸는 좋은 중소기업을 만드는 것이다. 그는 "10년을 더 열심히 뛸 것입니다. 직원들이 자부심을 가진 번듯한 회사를 만드는 것이 나의 꿈입니다."라고 말한다. 그의 꿈처럼 그의 회사가 강소기업으로 성장하길 기대한다.

4장

흔들림 없이 추진하라

"생각할 수 있는 시간을 갖도록 하라.
그러나 행동을 해야 할 때가 되면
생각하기를 멈추고 바로 행동으로 뛰어들어라."

- 나폴레옹 보나파르트 -

❗ 카이로스의 시간을 위하여

그리스어로 시간을 의미하는 단어가 두 개 있다. 하나는 '크로노스'이고 다른 하나는 '카이로스'이다. 크로노스는 '물리적인 시간'을 의미한다. 해가 뜨고 지는 시간이다. 반면, 카이로스는 순간의 선택이 인생을 좌우하는 '기회의 시간'이며, '결단의 시간'이다.

카이로스는 인간을 불쌍하게 여겼다. 자신을 알아보고 붙잡는 인간에 한하여 기회를 주기로 한다. 그래서 인간이 그를 쉽게 발견할 수 있도록 벌거벗은 모습을 하고 있다. 그와 마주쳤을 때 바로 붙잡을 수 있도록 앞머리가 무성하고, 그가 지나가면 붙잡을 수 없도록 뒷머리는 대머리이다. 그의 양손에는 칼과 저울을 들었는데, 이는 그를 만났을 때 신중한 판단과 과감한 결정을 하라는 뜻이다. 그의 등과 양 발목에 달린 날개는 최대한 빨리 사라지기 위해서다. 이러한 이유로 카이로스는 인간 앞에 항상 나타나지만, 인간이 함부로 붙잡을 수 없다.

　카이로스는 도전하는 삶 속에서만 만날 수 있는 신이다. 위험을 회피하고 도전하지 않으면 카이로스를 절대 만날 수 없다. 소극적이고 회피하는 삶에서는 우리 곁에 오지 않기 때문이다. 시간은 누구에게나 똑같지 않다. 하루 같은 1시간을 사는 사람이 있는 반면, 어떤 이는 하루를 1시간도 안 되는 가치의 시간으로 허비하는 사람도 있다. 지금 우리가 살고 있는 공간이 크로노스와 카이로스의 시간이 연결되어 있는 것은 아닐까. 지금 당신은 카이로스를 만났는가?

13

농부의 마음으로 회사를 경영하다

씨앗을 매년 뿌려야 결실을 계속 맺을 수 있어요. 한 번만 뿌리면 일회성입니다. 첫 번째 씨앗을 뿌려 결실을 맺는 게 어렵지, 한 번 결실을 맺기 시작하면, 그다음부터는 매년 수확할 수 있어요. 끈기가 있어야 합니다.

㈜씨에이치씨랩 대표이사 차형철의 청년 시절은 지독한 방황의 연속이었다. 그의 20대는 한마디로 '막 살았던 시절'이었다. 1990년 1월, 그는 '땀'의 가치를 느끼며 살겠다고 결심한다. 1991년 우연한 기회에 '과학 기자재' 제작·납품을 하는 회사를 인수하게 되면서 본격적으로 사업에 뛰어들었다. 2~3시간 이상 자지 못하며 열정을 다하였다. 1997년 새로운 시장을 찾아 '이화학기기 산업'으로 업종을 전환하였다. 2005년 지속적인 기술개발로 국내 시장 1위가 되면서 해외 시장에도 눈을 돌렸다. 연간 350억 원 이상의 매출을 올리고 있으며, 2019년부터는 해외시장에 대한 투자의 결실을 본격적으로 거두게 될

것으로 기대된다.

운명처럼 사업에 눈을 뜨다

차형철 대표를 처음 봤을 때 그의 스타일에 대해 놀랐다. 그가 사업가가 아닌 마치 예술가처럼 느껴졌기 때문이다. 그는 2010년 갑상선 암 수술을 두 번 받았다. 당시 면도를 못해 그냥 길러보자는 생각을 하였다. 그는 "수염을 기르고 비즈니스를 할 수 있을까에 대해 우려가 컸다."고 말한다. 주변으로부터 "수염을 기르고 나니 인상이 부드러워졌다."는 말을 많이 들었다. 어느덧 자신감이 생기고 그에 맞게 보타이를 매칭하고, 옷 입는 방법에 대해서도 연구하였다. 그의 스타일은 회사의 이미지와 제품의 이미지가 잘 어울린다는 평가를 받고 있다.

차형철 대표의 청년 시절은 방황과 좌절의 연속이었다. 그는 고등학교를 졸업하고, 그해에 군에 입대하였다. 군대 가기 전 막노동과 아르바이트 등을 하였다. 군 제대 후에도 자리를 잡지 못하고, 외판사원 등과 같은 일을 하였다. 그는 친구를 좋아하고 놀기를 좋아하였다. 그 당시에는 쉽게 돈을 버는 방법만을 찾아다녔다. 그의 20대는 질풍노도의 시기였다. 남들 보기에 화려한 것만 좇아 다녔다. 밤마다 술자리가 이어졌고, 돈을 쉽게 번만큼 쉽게 썼다. 1989년 말까지 그런 삶을 10년 간 살았다.

"1989년도에 자살할까도 생각했어요. 내 딴에는 제대 후 10년을 열심히 살았다고 생각했지만, 뒤돌아보니 요즘 말로 대박 아니 '한탕주의'처럼 돈이 쉽게 벌릴 거라고 생각하고 헛발질만 하고 살았어요. 미래가 암담하더라고요. 그래서 땀만 흘리고 10년만 살아보기로 마음을 바꾸었습니다. 그다음 날부터 삶이 180도 바뀐 겁니다. 10년 애쓰고 살았다고 내 인생에 마이너스되는 것도 아니고. 열심히 해서 잘되면 좋고, 안 되도 그때 죽으면 된다고 생각했어요."

1990년 1월 1일은 그가 180도로 딴 사람이 된 날이다. 친구를 일체 안 만나고 열심히 일만 하기로 하였다. 자신을 극한 상황으로 내몰려고 돈 없이 서울로 올라갔다. 어쩌다 어느 투자자와 연결되었다. 그 투자자는 대전에 조그만 공장이 나왔다고 그에게 조사를 시켰다. 자물쇠가 굳게 잠긴 오래된 공장 하나가 있었다. 초중고 과학실에 기자재를 만들고 납품하는 회사였다.

"그런데 그런 걸 본 적도 없고, 그것을 어디에 파는지도 몰랐어요. 투자자는 나에게 돈 50만 원만 주고 더 이상 안 줬어요. 그쪽에서는 팔려고 하는데 돈은 없고……. 그렇지만 직장을 잡는 것보다는 처음부터 적극적으로 일하는 것이 낫다고 생각했어요. 그래서 1991년도 5월에 친구들에게 2천만 원을 빌리고, 기존 부채를 떠안는 조건으로 1억여 원에 공장을 인수했어요."

그는 공장을 인수한 후 열심히 일하였다. 예전에 일하던 직원을 수소문해 공장을 가동하였다. 그는 하루 2~3시간도 잠을 자지 못하였다. 인수한 첫 해부터 흑자를 냈다. 그리고 지금까지 한 번도 적자가 난 적이 없다.

"첫해 7,000~8,000만 원 정도 벌었어요. 재료비, 직원 급여 다 빼고요. 그때 이게 돈이구나 하고 깨달았어요."

1992년 그의 나이 37살 늦은 나이에 결혼도 하였다. 그는 사업에 빠져 사느라 자신의 생활이 전혀 없었다.

"일에 빠져 살았어요. 우리 아이들은 나와 놀러가 본 기억이 없어요. 애들한테는 너무 미안하죠."

영혼을 담아 제품을 만들다

1997년 새로운 사업에 준비 없이 도전하였다. 생산 품목을 '초·중·고 과학실험 기자재'에서 '이화학기기 산업'으로 전환하기로 한 것이다. 그러나 사장도 직원들도 준비가 덜 된 상태에서 12월에 새 공장 준공을 앞두고 있었다. 설상가상으로 IMF 직격탄을 맞았다. 모든 것이 혼란스러웠다.

1998년 IMF를 겪으면서 어떤 기업들이 잘되고 잘못되는지를 그 나름대로 분석하였다. 한두 가지를 제대로 만드는 전문 기업들이 발전한다는 결론을 내렸다.

회사명을 씨에치씨랩(CHC-LAB)으로 변경하였다. 그의 이름 영문 이니셜이다. 혼을 담아 제품을 만들고 인격을 팔겠다는 생각으로 이름을 정하였다. 그리고 생산 방식을 '다품종'에서 '두 가지 품목'만을 생산하는 전문 기업으로 탈바꿈시켰다.

"그때 정한 제품이 실험대와 흄 후드(Fume Hood)[7]입니다. 모든 연구소에서 사용하는 기초 실험장비입니다. 당시 실험기자재 제조·유통이 서울 중심으로 이루어지고 있었어요. 실험대, 흄 후드는 부피가 커서 땅값 및 임대료가 비싼 수도권에서 제조하는 것은 상대적으로 불리하다고 생각했어요. 이것을 간파하고 생산품목을 이 두 품목으로 결정하고 R&D에 집중하였어요."

그때까지 두 개 업체가 국내 시장을 양분하고 있었다. 2004년 드디어 R&D의 결실을 맺기 시작하였다. 업계 처음으로 조립형 실험대를 만들었다. 타사는 일체형이었다. 말 그대로 대박이었다. CHC가 '이화학기기' 시장에 진입한 지 8년 만에 국내 1위 업체에 올라선 것이다.

---

7) 화학 실험하는 과정에서 발생하는 유해가스를 배출하는 기구

2005년 기업부설연구소를 설립하고 연구개발에 본격적으로 뛰어들었다. 천신만고의 노력 끝에 2009년 '생물안전작업대(Biological Safety Cabinet, BSC)[8]'를 개발하는 데 성공하였다. 실험실 안전기술 업체로서는 의미 있는 쾌거였다. 당시 국내에서는 기술력 부재로 생물안전작업대를 전량 수입하고 있던 상황이었기 때문이다. 그는 제품개발에 1년을 예상하였다. 그러나 제품 개발에서 미국 국가규격(ANSI)과 미국 국립과학재단(NSF49) 인증까지 5년이나 걸렸다. 개발 및 인증 비용이 20억 원 이상 들어갔다. 최근 유럽연합 안전인증(EN12469)도 획득, 기술력 분야에서 세계적 기업으로 발돋움하고 있다.

"우리만의 독특한 '차별성'을 추구합니다. 다른 회사들이 하지 않는, 그래서 전량 수입에 의존하는 제품에만 도전하고 있습니다. 아직도 '생물작업안전대'는 국내 유일 생산자입니다. 그리고 올해 또 다른 장비도 소개할 예정입니다. 이 장비도 현재 전량 수입에 의존하고 있습니다."

그는 2005년부터 해외 사업부를 만들고, 해외 시장에 도전하기 시작하였다. 두바이와 싱가포르, 독일 등에서 열리는 전시회를 빠지지

---

8) 세균 등 생명체를 실험할 때 생명체 시료를 보호하고, 세균 등이 연구자에게 오염되거나 대기권을 오염시키는 것을 방지하는 최첨단 작업대

않고 찾아다녔다.

"하지만 솔직히 안 팔렸어요. 2005년부터 14년째 도전하고 있습니다. 쏟아부은 돈이 몇 십억 원 이상 됩니다. 전시회 참가비 등으로 매년 4~5억 원을 투자하고 있는데, 수출은 10억 원 내외입니다. 그래도 CHC 미래가 해외에 있다는 생각으로 미련하다고 할 만큼 계속 투자하고 있습니다."

10년 동안 해외 시장에 도전하면서 계속 실패하였다. 이 과정에서 깨달은 것이 있다.

"장비는 딜러 망을 잘 구축하면 되는데, 실험대와 후드는 장치산업인 거예요. 설계 단계에서부터 모든 게 되어 있어야 한다는 것을 알게 되었어요. 그런데 요구사항을 설계에 반영하는 것이 쉬운 일이 아니어서 현지에 직접 영업조직(Sales Part)을 구성했어요."

2015년 두바이에 사무실을 내고 현지인 2명을 채용하였다. 그런데 국제 유가가 폭락하기 시작하였다. 100달러에서 20달러까지 떨어져 현지 경제가 패닉상태라 돈이 마른 것이다. 프로젝트 발주가 거의 멈췄다. 그러나 그는 포기하지 않고 지금까지 사무실을 그대로 유지하고 있다.

2018년에는 노하우가 생겨 유럽에 지사를 추가로 설치하였다. 해외 시장에서는 프로젝트 위주의 영업을 하고 있다. 현지인이 영업을 직접하고 국내에서 지원하는 체계이다.

"올해 해외 수출 목표는 천만 달러입니다. 2005년부터 도전했으니 천만 달러에 도전하는 데 14년이 걸렸네요. 하지만 올해 천만 달러가 되면, 2천만 달러는 3년 안에 달성할 것으로 기대하고 있습니다."

일하는 자세와 태도가 중요하다

그의 도전 정신은 놀라웠다. 10년 이상 계속 적자를 보는 데도 해외 시장 진출을 포기하지 않았다. 이에 대한 그의 경영 철학이 궁금하였다. 그는 다음과 같이 조언한다.

"사람들은 회사 다니다 안 되면 시골에 가서 농사나 짓지, 식당이나 하지라고 말합니다. 농사가 쉽습니까? 장사가 쉽습니까? 다 어렵습니다. 마찬가지예요. 영업을 하고 싶어서 하는 게 아니라 다른 것을 하다 하다 안 되니까 하는 사람이 많아요. 그런 생각으로 하니까 안 되는 겁니다. 최고의 세일즈맨이 되어야겠다는 각오가 있어야 합니다. 나는 새로운 영업사원에게 2~3년간 성과는 신경 쓰지 말고, 씨앗만 뿌리라고 말합니다. 씨앗도 안 뿌리고 열매를 생각하는 것은 어리석은 거예요. 씨앗을 잘 뿌리면 2~3년 후에 결실을 맺을 수 있어요. 계속 반복하는 거예요. 이것이 비결입니다."

그는 물 한 잔을 들이킨 후 계속 말을 이어나갔다.

"씨앗을 매년 뿌려야 결실을 계속 맺을 수 있어요. 한 번만 뿌리면 일회성입니다. 첫 번째 씨앗을 뿌려 결실을 맺는 게 어렵지, 한 번 결실을 맺기 시작하면 그다음부터는 매년 수확할 수 있어요. 끈기가 있어야 합니다."

어떤 사람들은 봄에 씨앗을 뿌리고 곧바로 수확하려고 전전긍긍한다. 봄에 파종한 후 손을 놓고 있어서는 안 된다. 씨앗이 바람에 날리지 않도록 잘 살펴 주고, 잘 자라도록 비료도 주며, 가뭄에는 물도 주어야 한다. 영업뿐만 아니라 다른 일도 마찬가지이다. 자신이 하는 일에 정성을 다해야 한다. 각오가 된 사람은 일을 대하는 '태도'가 다르기 때문에 '결과물'도 다르다.

좋은 인재가 많이 와야 회사가 성장하는 것은 분명하다. 그런데 중소기업은 우수한 인력이 올 확률이 대기업에 비해 적은 것 또한 사실이다. 기업의 발전을 위해 직원채용을 어떻게 하고 있는지 물었다. 그는 다음 두 가지를 강조한다.

첫째, 성적·스펙이 아니라도 CHC에 맞는 인재를 선발하는 기준이 있어야 한다는 관점에서 '인재상'을 정하였다. 우선, 인재상에 부합하는 사람을 뽑으려 애쓴다.

【 CHC 인재상 】

- Challenge(도전)
- Honest(정직)
- Communication & Collaboration(소통·협업)

둘째, 아무리 좋은 직원도 교육하지 않으면 소용없다. 3개월 간의 신입직원 교육이 끝나면 최종 면담을 통해 입사 여부를 결정한다. 그는 "신입직원이 면접을 볼 때와 실제 일하는 것이 많이 다르다."며 "공부 잘하는 사람보다 일머리가 있는 사람이 필요하다."라고 말한다.

불평불만이 많은 직원, 책임감이 없는 직원은 회사 분위기를 어지럽혀 다른 직원들의 근무환경에도 심각한 영향을 미친다. 그래서 그는 절대 채용해서는 안 될 사람을 걸러내는 게 먼저 선행되어야 한다고 생각한다. 다음은 '절대 뽑지 말아야 할 사람의 유형'이다.

1. 독불장군처럼 하고, 예의가 없는 사람이다. 자기가 뭘 좀 안다고 다른 사람을 무시하고, 타인에 대한 기본예절이 없는 사람은 절대 채용해서는 안 된다.

2. 부정적인 사람, 소극적인 사람이다. 그거 뭐 하려고 합니까? "해봐도 안 돼요. 옛날에 다 해봤어요."라며 시킨 것만 하는 사람이다. 시키지 않으면 아무것도 안 한다. 자신뿐만 아니라 다른 사람의 의욕도 상실하게 만든다.

3. 뒷담화하는 사람이다. 다른 직원들에게 상사, 직원을 욕하고 편 가르기를 하는 사람은 회사 분위기를 최악으로 만든다.

채용한 직원을 '인재'로 만들기 위해 독서경영에 무척 신경을 쓰고 있다. 전 직원은 매달 책 1권을 읽고 독후감을 내야 한다. 해마다 필독서 10권을 회사에서 지정하면 그중 3권은 의무적으로 읽어야 하며, 나머지 9권은 본인 자율로 선택할 수 있다.

글로벌 회사로 키우기 위해서는 영어 잘하는 사람이 많아야 한다. 매일 일과 후 원어민 강사가 회사에 와서 회화를 가르친다. 현재 초급 반과 중급반을 운영하고 있다. 마케팅, R&D 부서의 직원들은 의무적으로 영어를 해야 하고, 나머지 부서의 직원들에게는 권장 사항이다.

올해부터 사내대학을 운영할 예정이다. 해당 분야에 관계된 직원들은 해당하는 10과목을 반드시 이수해야 한다.

중소기업이 우수인재를 영입하기 위해서는 인센티브 제공 등 '직원복지'도 잘되어 있어야 한다. 다들 대기업으로 가려 하기 때문이다. 이에 대하여 그는 다음과 같이 답하였다.

"동종 업계에서는 우리 회사 조건이 좋다고들 합니다. 나름 대기업 수준입니다. 두 자녀까지는 대학 학비 전액을 지원해 줍니다. 본인이 학사, 석사, 박사공부를 하는 경우에는 학비 70%를 지원해 줍니다. 중소기업치고는 각종 복지 프로그램이 상당히 준비되어 있어요. 그럼에도 불구하고 직원을 뽑는 데 애로사항이 있습니다."

그는 사업 초창기부터 인재 양성을 하지 못한 것이 가장 후회된다고 말한다. 그는 "돈만 있으면 얼마든지 인재를 스카우트할 수 있다."라고 생각하였다. 그러나 그것은 큰 착각이었다. 회사가 성장하기 위해서는 내부 인재와 외부 인재가 조화를 이루어야 한다. 그런데 물과 기름처럼 섞이지가 않았다. 대기업 출신 임원들을 영입하면 잘될 것이라고 생각했는데, 오히려 회사가 엉망이 되었다. 이때 인재상을 만들었다. 정직, 도전, 소통·협업 능력을 가장 중요시한다.

"나보다 똑똑한 사람을 뽑았는데 회사가 잘 안 돌아갔어요. 원인을 살펴보니 외부인들이 '점령군'처럼 행세했어요. 자기들은 대기업 출신이고 시스템이 잘 되어 있는 데서 왔다고 생각한 거죠. 중소기업은 시스템이 없다고 봐야 해요. 하지만 시스템이 없어도 다 돌아갑니다. 그럼 그것을 인정해야 하는데, 대기업에서 하던 방식대로 하려고 합니다. 그래서 기존 직원들이 스카우트된 사람들이 하는 말을 못 알아 듣고, 결과물도 못 만들고, 그러니 더 무시하고, 악순환이 반복되었어요. '그럼 잘난 네가 해봐!' 하며 협조를 안 합니다. 상대방은 제품을 모르니 거꾸로 바보가 됩니다."

그는 경력직을 채용하는 경우, "기존 직원들을 존중하고 함께 화합하는 것이 매우 중요하다."고 강조한다.

"소통이 안 되는 이유는 '정직하지 않아서'입니다. 본인 스스로 정직해야 합니다. 모르면 모른다고 솔직하게 얘기해야 하는데 창피해서 말을 안 합니다. 박사가 모든 분야를 잘 알 수는 없어요."

인재로 키운 직원이 회사를 사직하면 배신감이 들 수 있을 것 같다는 얘기에 그는 다음과 같이 답한다.

"교육을 받고 바로 나가는 직원들이 있어요. 그래, 네가 발전을 위해서 가는데 섭섭하지만, 우리가 그만큼 대우해주지 못해 미안하다. 다른 회사에 가서도 좋은 인재가 되길 바란다. 그렇게 말해 줘요. 나가지 않게 하려면 대우를 더 잘 해주어야 합니다. 내가 가르쳤으니 나에게 보답해야 한다는 식으로 대해서는 절대 안 됩니다. 돈 들여 좋은 인재를 만들었으면 더 대우해 주어야 합니다. 임금도 올려 주고 보직도 더 알뜰하게 살펴 주어야 합니다. 그래야 그 친구가 나가지 않습니다. 인재라면 다들 빼가려고 애씁니다. 그럼 그만큼 인정해주어야 합니다. 5년 동안 해외연수를 보내 준 직원이 있는데, 지금 7~8년이 되었는데도 잘 다닙니다. 갔다 오자마자 두 계급 특진시키고, 보수도 확 올려줬어요."

차형철 대표는 절망의 벼랑 끝에서 '죽음'보다 '삶'의 가치를 찾기로 하였다. 우연히 만난 사업에 그의 인생을 걸고 희망의 공을 쏘아 올렸다. 지금까지 변함없는 열정으로 새로운 씨앗을 뿌리고 있다. 그가 앞으로 거두게 될 '결실'이 궁금하다.

14

자신과의 싸움에서 이기다

자기 스스로를 소중하게 여기는 가치관과 인생의 목적이 있어야 성공적인 삶을 살 수 있습니다. 기업도 마찬가지예요. 사업도 장기적인 승부이기 때문에 결과라는 것이 지금 당장 나타나는 것이 아닙니다. 어제와 오늘을 차곡차곡 쌓아 더 좋은 기업의 미래를 만들어 가야 합니다.

이텍산업㈜, 이텍네트웍스㈜ 등 3개의 계열사를 둔 회장 이두식은 1994년, 아무것도 없이 맨주먹으로 회사를 창업하였다. 그는 대만의 한 고객 제의로 우연한 기회에 '수입상'을 시작하였다. 불굴의 의지로 제설 장비의 국산화에 성공하며 '제조업체'로 변신하였다. 현재 제설 장비, 다목적도로관리차 등 70여 가지 이상의 다양한 특장차를 생산하고 있으며, 연간 매출액은 1천억 원을 돌파하고 있다. 최근에는 미세먼지를 저감하는 '분진 흡입 청소차', '전기 청소차' 등 시대를 선도하는 '새로운 개념의 특장차'를 출시하였다.

성실한 직장인, CEO의 길로 들어서다

이두식 회장은 특장차 제작과는 거리가 먼 '일반 회사원'이었다. 영문학과를 졸업하고 무역업체에 취직하였다. 이때만 해도 그는 '사업가'가 될 것이라는 생각을 전혀 하지 못하였다. 하지만 1994년, 대만의 한 고객이 대만 정부에 '소형 기관차'를 납품하게 되었다며, 그와 함께 사흘간 납품할 만한 업체를 알아보러 다녔다. 그 고객은 원하던 업체를 찾지 못했지만 30대이던 그에게 "당신이 잘할 것 같으니까 해보라"며 창업을 권하였다. 그것은 그의 운명을 바꾸어 놓는 사건이 되었다.

"거래처에서도 갑갑하시니까 직접 한국에 온 거죠. 그분에게 몇 군데 공장을 견학시켜 드리고 내가 할 수 있는 선에서 최선의 노력을 다해 드렸습니다. 그분이 나를 성실하게 보신 것 같아요. 한국을 떠나면서 너를 믿고 내가 신용장을 개설해줄 테니까 이번 사업을 한번 해보지 않겠느냐고 제의했어요."

갑작스러운 제안이었지만 그의 사업은 이렇게 시작되었다. 사업이란 것이 어렵다는 것을 알았지만 너무나 해보고 싶은 열망을 느꼈다. 그가 성실히 해보겠다고 하니 그의 부모는 은행 대출을 받아 7천만 원을 빌려주었다. 아무런 경험 없이 자신의 젊은 패기를 믿고 뛰어든 것이다. 자신이 살고 있는 아파트에 팩스, 전화 한 대를 놓고 사업을 시작하였다. 당시 그의 부모에게 빌린 7천만 원은 기관차를 제조하는 경비로 써도 빠듯하였다. 본격적인 작업이 진행되는 동안 모자란 것은 자금만이 아니었다. 납품기한을 맞춰야 하는데 마지막 조립하는 과정에서 도저히 제시간 안에 납품할 수 없었다. 계약 기간을 맞추지 못하면 모든 것이 허사가 되는 것이다. 계약 상대방과 신뢰가 깨지고 사업이 시작하자마자 좌초될 수도 있는 상황이었다. 그는 진솔하게 대만 계약자에게 양해를 구하였다.

"현재 여기까지 되어 있는데 어떻게 했으면 좋겠냐? 그랬더니 현재 상태 그대로 싣고 와라. 그러면 대만에 도착한 기준으로 인정해주겠다. 대만에서 마무리 작업하는 시간을 줄 테니까 그렇게 해라. 그래서 우리가 4개월 동안 직원들을 데리고 가서 대만 철도 부두에서 조립하고 작업을 했어요."

첫 납품을 위해 대만에서 보낸 4개월 간은 그야말로 '사투'라 할 수 있었다. 우여곡절 끝에 무사히 납품을 마칠 수 있었다. 그는 그 시절을 떠올리면 아직도 식은땀을 흘릴 정도이다. "정말 그때 사는 게 이렇게까지 힘들구나. 그동안 직장이란 테두리 안에서 어떻게 보면 온실이었는데 사회가 이렇게 무섭구나."

그는 처음 사업을 하고 4개월 동안 두려움을 느꼈다.

그렇게 값진 경험 끝에 얻었던 첫 사업은 7억 원의 매출을 올렸고, 그는 부모에게 빌린 7천만 원부터 갚았다. 그에게 남은 순수익은 4천만 원이었다. 40억 원 만큼이나 소중하였다. 당시 첫 매출을 올리고서 처음 한 일은 사무실부터 구하는 일이었다.

"처음 1년간은 19평을 얻었고, 그리고 1년 반 있다가 32평으로 이사를 가고, 1년 반 있다가 52평으로 이사했습니다. 같은 층에서 3번을 이사하게 되었는데, 좀 더 발전적인 평수로 이사를 했던 것 같습니다. 그때 굉장히 보람이 있었습니다. 직장생활 하다가 사업하는 그 과정에서 뭔가 희망이 보이고 '이렇게 하면 성공할 수 있겠구나' 하는 자신감이 붙었습니다."

위기는 기회의 또 다른 모습

사무실을 마련하고 본격적으로 사업이 시작되던 그때, 새로운 아이템을 찾으려던 그에게 새로운 시장이 눈에 들어왔다. 처음에 어떤 손님이 '제설장비'를 알아봐 달라는 문의를 하였다.

"마치 살 것처럼 알아 봐 달라고 하더니 다 알아보니까 "됐습니다." 하고 말더라고요. 원래 제설장비 전문이 아니었는데 스터디하다 보니 이게 앞으로 시장성이 있을 것 같다는 생각이 들었어요."

국내에 제설장비의 개념이 별로 알려지지 않을 때였다. 그는 '제설장비'를 새로운 아이템으로 정하였다. 겨울철 눈이 많이 오면 속수무책이었는데 그걸 해결하면 새로운 시장이 열릴 것이라 생각했다.

그는 제설장비를 판매하기 위해 지역관할 구청을 먼저 설득해야 하였다.

"제설장비 샘플을 수입해 구청 트럭에 장착했어요. 대전, 충남, 충북 공무원들을 초청해 시험 구간을 만들어 놓고 테스트했어요. 그해 유성구청을 포함해 7대를 팔았어요."

제설장비의 판매는 그의 생각대로 적중하였다. 제설장비를 시작해 다양한 특장차의 수입을 확대하면서 제법 많은 매출을 올리기 시작하였다. 하지만 좋은 시절은 그리 오래가지 못하였다. 1997년 말 외환위기가 닥쳤다. 그의 사업에 제동이 걸린 것이다. 바로 오를 대로 오른 환율 때문에 심각한 환차손의 피해를 입게 된 것이었다.

"당시 계약한 금액은 환율이 1달러에 800원대에 계약했는데, 결제 당시 환율은 1달러에 거의 2천 원 정도 됐습니다. 그러다 보니 약 2배가량 환율에 의한 손해를 봤고 전체적으로 40억 원 정도 손해를 봤어요. 잠을 잘 수 있는 상황도 아니었어요. 신경이 무척 날카로워졌습니다."

그동안 어렵게 모은 40여억 원이 손실처리되었다. 환차손의 여파는 생각보다 심각하였다. 모든 것이 한순간에 사라진 최대의 위기였다. 차라리 사업을 시작하지 않았다면 이런 위기도 없었을 텐데. 그간의 모든 노력이 무색해지는 순간이었다. 쉬운 일이 없었다. 몇 년간 이루어 놓은 일이 물거품이 되는 것 같았다. 짧은 시간에 천당과 지옥을 경험하였다. 창업 5년 만에 닥친 최대의 위기였다. 하지만 그는 좌절 끝에 한 가지 깨달은 것이 있었다. 그것은 바로 수입상에서 벗어나 '국산 특장차'를 제조하는 기업으로서 거듭나야 한다는 것이었다. 은행에서 대출받아 작은 공장을 임대하고 생산직 직원을 뽑았다.

"그 당시에 상당히 많은 기업이 부도가 났는데. 다행히 자금이 축적된 것이 있어서 그걸 막을 수가 있었어요. 환차손 리스크가 발생한 것을 계기로 오기가 생겼어요. 전부 '국산화'하겠다고 결심했어요. 그 전까지는 제설장비가 들어와도 핵심장비는 수입하고, 주변 부품만 국산화를 하였는데, IMF를 계기로 전체 장비를 국산화시키는 쪽으로 갔습니다."

그는 2명의 엔지니어와 수입된 제설장비 부품 하나하나까지 분해

하고 이를 도면에 옮겨가면서 기본적인 구조물을 완성해 갔다. 그것은 어쩌면 무모하기 짝이 없는 도전이었다.

"그 당시에 캐드(CAD)라는 것도 발달이 안 돼 있었기 때문에 장비를 분해해서 일일이 실측했어요. 수기로 도면을 그려 가면서 다시 또 만들어내고 조립하고 안 맞는 건 다시 깎고, 지금 어떻게 생각하면 무모하고 터무니없는 일이지만 그 당시에는 가능했습니다."

밤낮을 가리지 않는 그와 직원들의 노력 끝에 하나둘 핵심 부품이 그들의 기술로 탈바꿈되기 시작하였다. 특히 국산화에 고비가 되었던 것은 제설장비의 핵심이라 할 수 있는 염화칼슘 이송장치였다. 무려 3년의 시간이 투자됐다.

"그 당시에 국산화를 못 시켰다면 오늘 이 자리에 와 있지 못할 겁니다."

국산장비를 개발해 드디어 판매를 시작하였다. 출시하자마자 고객들의 불만이 쏟아지기 시작하였다. 그렇게 열심히 준비하여 제품이 나갔는데 많은 하자가 발생한 것이다.

"하자가 발생해서 고객들이 장비를 바꿔 달라는 아우성이 있었습니다. 우리 직원들도 지금 국산화가 시기적으로 이른 것 같다며 다시 수입하자고 그랬어요."

고객들이 불만이 쏟아지고 직원들의 반대가 이어졌지만, 그럴수록 그는 기술개발에 집중하였다. 이 고비를 넘기지 못하면 더 이상의 미래가 없다. 그에게는 그것 하나뿐이었다. 그렇게 고집스럽게 기술개발에 매달렸고 결국 시장과 고객의 인정으로 돌아왔다.

"한 1년 정도 시행착오를 거치다 보니 많은 문제점을 발견했고, 그 다음 해부터는 큰 문제를 줄일 수 있었어요. 국산화시키고 2년 정도는 이익을 남기지 못했을 거예요."

힘들고 어려운 상황이었지만 그는 좌절하지 않고 극복하였다. 그는 패배도, 성공도 습관이라 생각하였다. 하나하나 극복하다 보니 1,000억 원의 매출을 달성한 기업이 되었다. '고생 끝에 낙이 온다.'는 만고의 진리임을 그가 입증하고 있다.

경영의 기본기가 기업 성장 동력이 되다
그는 맨 주먹으로 사업을 일궜다. 매년 성장하는 특별한 이유가 있는지 그에게 물었다. 그는 다음과 같이 대답하였다.

"처음 사업을 시작할 때의 마음을 지금도 잃지 않으려고 노력합니다. 그때나 지금이나 똑같습니다. 다른 사람이나 다른 회사와 비교하기보다는 스스로의 기준에 맞고 부끄럽지 않은 인생과 회사가 되자고 늘 다짐합니다. 남과 비교해 어떻다고 평가하기에 앞서 스스로 제대로 된 경쟁력을 갖추려고 합니다. 기초를 튼튼히 하는 것은 오랜 시간이 걸리지만 기초가 제대로 돼 있어야 어떤 일이든지 제대로 응용할 수 있습니다. 이것을 경영에 도입하고 있습니다."

잠시 그는 호흡을 가다듬었다. 그리고 다음과 같이 말을 이어나갔다.

"자기 스스로를 소중하게 여기는 가치관과 인생의 목적이 있어야 성공적인 삶을 살 수 있습니다. 기업도 마찬가지예요. 사업도 장기적인 승부이기 때문에 결과라는 것이 지금 당장 나타나는 것이 아닙니다. 어제와 오늘을 차곡차곡 쌓아 더 좋은 기업의 미래를 만들어 가야합니다."

그는 매달 첫째 주 월요일, 전 직원이 참여하는 '소통의 날'을 운영 중이다. 소통의 날에는 이텍네트웍스, 이텍TDA 등 자회사 직원을 포함해 300여 명이 참석한다. 1995년 소통의 날을 지정한 이후 25년간 한 번도 거른 적이 없다. 소통의 날은 회사 경영상황, 성과, 발전에 대한 토론 및 건의 등의 내용으로 구성되며, 형식은 자유롭게 운영한다.

업무 공간이 아니어서 직원들도 전혀 부담을 느끼지 않는다. 또한, 직원들이 휴식을 취하고 문화생활을 제대로 할 수 있도록 해마다 매출의 3% 정도를 투자하고 있다.

그에게 '노사상생'에 대해서 어떻게 생각하는지 물었다.

"나는 직원들 덕분에 먹고 산다고 생각하며 일합니다. 직원을 귀하게 여기고 직접 소통하니 노사갈등이 없습니다. 10여 년 전부터 격년제로 전 직원 부부동반 해외연수도 다녀오고 있습니다. 비행기 2대를 전세 내 베트남, 중국, 필리핀 등에 연수를 보내 주고 있는데, 연수 기간에는 애프터서비스 등을 담당하는 필수 인원만 회사에 상주시키고 공장 문을 닫습니다. 그리고 정기적으로 직원 가족들을 초청하여 체육대회와 야유회를 열어 직원들의 사기를 북돋우려 하고 있습니다."

직장인을 대상으로 한 설문 조사에 의하면, 직장인이 사표를 내고 싶은 충동을 느끼는 상황은 자신이 다니는 회사가 비전이 없다고 느껴질 때가 첫 번째로 꼽혔다. 비전이 없다는 것은 회사의 안정성과 계속성에 문제가 있다는 것이다. 이러한 직장은 직원들이 헌신하여 일하기 어려운 환경이라 할 수 있으므로 발전을 기대하기 어렵다. 그래서 직원들에게 회사가 계속 성장하고 있다는 사실을 끊임없이 알리며 '믿음'을 주는 것이 중요하다.

이러한 소통 덕분에 이 회사의 이직률은 연평균 6%에 불과하다. 국내 중소기업 평균 16%, 대기업평균 11%의 절반 수준이다. 그가 직원들을 대하는 '경영철학'이 확실하고, 직원들의 일에 대한 열정과 애사심이 뜨거워, 앞으로 이텍산업이 글로벌 강소기업으로 크게 성장하지 않을까 기대해본다.

15

사회적 기업을 꿈꾸며 사업을 시작하다

뭔가 목표를 세우면 끝장을 봐야 해요. 끝까지 포기하지 않는 근성이 있어야 한다고 생각했어요. 안 되는 건 없다는 굳건한 믿음을 가져야 해요. 그래야 이길 수 있어요. 질 수도 있다고 생각하고 시작하면 처음부터 지는 게임을 시작하는 것입니다.

㈜컴트리 대표이사 이숙영은 남편의 실직을 계기로 조립컴퓨터 유통을 시작하였다. 그녀는 인터넷 PC 설치대행업에서 시작해 컴퓨터 전문점과 서비스센터로 사업을 확장하였다. 열정적으로 사업에 매달리며 통합 네트워크 구축은 물론, 시스템 에어컨 설치사업과 대형서버 시스템 구축사업까지 수주하며 규모를 키워나갔다. 2006년 사회적 기업을 꿈꾸며 재창업하였고, 2010년에 'PC 제조 시장'에 겁 없이 뛰어들었다. 제조업을 시작한 초반은 기술개발 실패 등 어려움이 많았지만, 이를 멋지게 극복하였다. 2010년 10억 원대였던 매출이 2018년 이후 100억 원 대를 훌쩍 넘어섰다.

먹고살기 위해 창업에 나서다

이숙영 대표는 IMF 전까지만 해도 평범한 가정주부였다. IMF로 시작된 광풍은 대한민국을 뒤흔들었다. 그 소용돌이의 한가운데 그녀의 가정도 서 있었다. 이때를 기점으로 그녀의 삶은 전혀 예상치 못한 방향으로 흘렀다. 그동안 전업주부로 살던 그녀가 하루아침에 세상에 나가야 하는 상황이 된 것이다. 1998년 그때는 아침에 눈만 뜨면 H그룹 뉴스가 쏟아졌다. 당시 그 회사 전산운영 총괄이사였던 그녀의 남편은 수개월째 월급이 체불되는 등 우여곡절 끝에 직장을 잃었다. 수중에 남은 돈은 200만 원이 전부였다. 실직자가 줄을 잇는 가운데 남편이 다른 일자리를 찾기란 결코 쉽지 않았다. 뭐라도 해야 하였다.

1999년 2월 그녀는 남편과 함께 조립컴퓨터 유통을 시작하였다. 지인이 컴퓨터 사업을 권유한 것이 계기가 되었다. 서울 국제전자센터 한쪽 구석에 작은 공간을 얻어 조립PC 판매를 시작하였다. 집기를 살 돈조차 없어 재활용 책상과 의자로 매장을 꾸렸다. 월급을 많이 줄 수가 없어 직원 도시락까지 싸다주며 있는 대로 허리띠를 졸라맸다.

"사실 컴퓨터에 대해 아는 게 하나도 없었어요. 대학 시절 '컴퓨터학개론' 수업에서 들었던 CPU, 메모리 정도의 단어만 알고 있었어요. 젊은 친구들에게 하나하나 물어가며 컴퓨터 조립을 배웠어요."

당시 정보통신부에서는 인터넷PC 보급 사업에 열을 올리며 12개의 국민 PC 업체를 선정하였다. 때마침 우체국을 통해 판매되는 PC 설치점을 모집하는 광고를 보게 됐다. 국민 PC업체 중 A 기업의 인터넷 PC를 가정에 설치해주는 일을 하게 되었다. 왠지 정부에서 하는 사업이니 만큼 시장성이 있을 거란 생각이 들었다. 낮에는 매장에서 조립컴퓨터를 만들어 판매하였다. 매장 일을 마치면 우체국으로 주문이 들어온 컴퓨터를 차에 한가득 싣고 남편과 함께 집집마다 PC를 설치하러 다녔다. 그 시절 PC는 지금과 달리 무게가 많이 나갔다. 당시 인터넷PC를 구매하는 가정은 서민들이었기 때문에 엘리베이터가 있는 건물이 하나도 없었다.

"저녁마다 서민들이 많이 사는 다세대주택의 4, 5층을 철 깡통 같은 PC와 CRT모니터를 들고 계단을 오르내리다 보면 마치 수전증에 걸린 것처럼 손이 바르르 떨렸어요. 매일같이 한 가득 실린 4세트의 PC를 다 설치하고 집에 들어가면 밤 12시가 훌쩍 넘기 일쑤였어요."

성실하게 일한 덕분에 나중에는 엄청난 물량이 지입차로 들어왔다. 그녀는 전혀 지칠 줄 몰랐다고 한다.

시장을 보는 안목을 갖다
그녀의 열정은 컴퓨터 설치대행업에서 사업을 시작해 컴퓨터 전문점과 서비스센터로 급성장하였다. 대다수 국민PC 업체들은 중소기업 지원 정책과 맞물려 서너 명으로 시작해 불과 2~3년 만에 80명이 넘는 회사로 급성장하였다. 그러나 기초 없는 문어발식 경영은 몇 년 지나지 않아 몰락의 길을 걸었다. 그녀가 전문점을 하고 있는 A 기업도 언젠가부터 전화가 불통되곤 하였다. 그녀는 예감이 좋지 않았다. 그녀는 남편과 직접 본사를 방문하였다. 직원들이 여기저기 모여 잡담만 하고 있을 뿐, 걸려오는 전화를 받지 않는 게 이상하게 느껴졌다. 돌아오자마자 채권을 모두 정리하였다. A 기업은 한 달 후에 부도가 났다.

"아찔한 순간이었습니다. 만약 늦게 알았다면 우리 회사도 도산했을 거예요. 지혜를 주신 하나님께 얼마나 감사했는지 모릅니다."

그 일이 있고 얼마 후 남편은 공부를 계속하고 싶다며 박사과정에 진학했고, 그녀 혼자 사업을 하게 되었다.

어느 날 신문에 난 대기업의 컴퓨터 대리점 모집 광고를 보고 인지도 있고 믿을 만하다고 생각되어 L컴퓨터 대리점을 하게 되었다. 열심히 매달린 덕분인지 전문점으로 승격되었고, 사업이 조금씩 숨통이 트이기 시작하였다. PC시장이 빠르게 성장하면서 그녀의 사업도 덩달아 고공행진을 시작하였다. 통합 네트워크 구축은 물론 시스템 에

어컨 설치사업과 대형서버 시스템 구축사업까지 수주하며 점점 규모를 더 키워나갔다.

그러던 2006년 갑자기 그녀는 잘 나가던 사업을 정리하였다. 남편이 대학에 교수로 임용되고 나니 양어깨를 짓누르던 가장의 짐을 내려놓고 싶었다.

"먹고살기 위해 창업했어요. 어느 순간 직원들과 그들의 가족까지도 내 어깨 위에 얹혀 있는 게 느껴졌고 엄청난 부담감이 생겼어요. 매일 2~3시간씩 쪽잠을 자며 앞만 보고 쉼 없이 달려온 것이 몹시 지치고 힘이 들었던 것 같아요. 무엇보다도 한 가장의 아내이고 두 딸의 엄마란 사실조차 그동안 잊고 살 만큼 치열한 경쟁 속에서 살아온 것에 지쳐 있었던 것 같습니다. 통장의 잔고도 평생 써도 될 만큼 여유도 있었고요."

모두가 똑같을 필요는 없다

그녀는 여고시절 꿈이었던 '작가'가 되려고 준비를 하였다. 그런데 삶은 언제나 예측불허이다. 그래서 더 의미를 갖는지도 모른다. 결국 두 달 만에 그녀는 다시 '창업'의 길로 들어서게 된다. 전업주부로 지내다 먹고살기 위해 PC 전문점 사장으로 변신하였고, 다시 새로운 인생3막이 시작되는 순간이었다.

"가정주부로 살다가 어쩔 수 없는 상황에 창업을 하였는데요. 그 당시는 오로지 먹고살기 위해 사업을 했어요. 두 달 쉬는 동안 '사업'이라는 것이 '운명'과 같다는 생각이 들었어요."

사업은 그럭저럭 이어졌다. 그런데 3년 남짓 지나자 인터넷이 활성화되면서 PC 유통시장이 무너지고 있었다. 매출 또한 더 이상 오르지 않고 정체되고 있었다. 컴퓨터의 특성상 납품 후 다음 달 말이 결제일이다 보니 야반도주를 하는 회사가 나타나기 시작하였다.

"오프라인에서 온라인으로 옮겨가는 게 눈에 들어왔어요. PC시장이 가장 먼저 무너질 수 있겠다는 위기감이 날이 갈수록 확신으로 굳어졌어요."

2008년 대학원 경영학 석사과정(MIS 및 생산관리 전공) 진학은 그녀가 또 한 번 결단을 내리게 되는 분수령이 됐다. 그 과정을 마치면서 2010년 'PC 제조업체'의 길로 뛰어들었다.

"내 브랜드 PC를 직접 만들어 보자고 생각했어요. 컴퓨터 제조를 하겠다고, 대기업과 경쟁하겠다고 하니까. 다들 미쳤다고 했어요. 뭔가 목표를 세우면 끝장을 봐야 해요. 안 되는 건 없다는 굳건한 믿음을 가지고 끝까지 포기하지 않는 근성이 있어야 해요. 그래야 이길 수 있어요. 질 수도 있다고 생각하고 시작하면 처음부터 지는 게임을 시작하는 거예요."

처음에는 그녀도 'PC 제조'에 대해 아무것도 몰랐다. 그저 제품을 디자인해 금형을 맡기면 제품이 뚝딱 만들어지는 줄만 알았다. 그런데 막상 시작하고 보니 디자인부터 설계, 금형, 시제품, 생산에 이르기까지 어느 공정 하나 수월한 게 없었다. 양산을 위해 업체들과 미팅을 시작하였다. 미팅 때 나오는 모든 얘기를 무조건 기록하고, 돌아와서 내용을 하나씩 분석하기 시작하였다.

"업체 3군데를 미팅하니 70%를 이해할 수 있었어요. 5군데를 미팅하니 제품 제작 방법에 대하여 완전히 알게 되었어요. 어느 파트너 사는 중소기업이면 중소기업답게 하면 되지. 왜 그리 까다롭게 구느냐며 우리하고는 일 안 하겠다고 했어요. 나는 중소기업답다는 것이 뭐냐고 따졌어요. 나는 끝까지 포기하지 않고, 파트너 사를 설득하며 제품 수정을 거듭했어요."

그렇게 슬림 PC를 처음 만들었을 때 그 흥분과 기쁨은 이루 말할 수 없었다.

그녀는 중소기업이 후발주자로 PC시장에 들어가 쟁쟁한 기업들과 경쟁하기 위해서는 오로지 차별화된 제품을 개발하는 것만이 살길이라 생각하였다.

그녀는 한국발명진흥회를 통해 특허를 구매해 스위칭 모드 파워 서플라이(SMPS)[9]를 개발하기로 하였다. 그런데 개발 90% 단계에서 문제가 발생하였다. 결국 제품을 개발하는 S/W, H/W 업체가 서로 핑퐁치며 '네 탓 운운'하며 싸웠다. 개발하는 동안 현금 10억여 원이 넘게 들어가고 있는데, 해결책이 전혀 보이지 않았다. 중소기업이 10억 원을 벌기는 무척 어려운 일이다. 그러나 10억 원이 허공에 소비되는 시간은 고작 1년도 걸리지 않았다.

"그때 대기업 압력밥솥 폭발 사고가 생각났어요. 갑자기 가슴이 방망이질 치는 두려움을 느꼈어요. '일반 파워'와 달리 빽빽하게 들어선 칩들과 구리선들. 여기에 먼지가 쌓여 화재가 난다면 어떡하지!"

그녀는 무슨 일이 생길 것만 같아 겁이 났다. 곧바로 제품 케이스를 닫고 기술개발을 중단하였다. 그러나 그녀는 자체 기술개발 필요성을 절감하고 기업부설연구소를 설립하였다. 이 기술은 2년 후에 자체

---

9) 컴퓨터에 전원을 공급하는 전원장치의 한 방식으로, 스위칭 트랜지스터 등을 이용하여 교류전원을 직류전원으로 변환하는 스위치 제어방식을 사용한다.

기술로 개발하는 계기가 되었다. '전화위복'이 된 셈이다.

그러던 어느 날, 그녀가 어느 공공기관을 방문했을 때의 일이다. 모 주무관이 캐비닛에서 노트북을 꺼내 인터넷 검색을 하다가 다시 집어 넣는 걸 보게 됐다. 옆에 업무용 PC가 켜져 있는데도 굳이 노트북을 사용하는 것이 선뜻 이해가 되질 않아 물었다.

"주무관님! 왜 굳이 컴퓨터가 있는데 노트북으로 하세요?"
"아, 업무용 PC는 외부 해킹공격을 막기 위해 내부 업무 망에만 연결돼 외부 인터넷이 안 됩니다."

그 말을 듣는 순간, 그녀는 '이거다' 싶었다. 한 사람이 보안 때문에 굳이 두 대의 컴퓨터를 쓰지 않아도 된다면 업무 효율도 높이고 PC 구입비용도 절감할 수 있을 것이란 생각이 들었다. 이것이 '망 분리 듀얼 PC'를 개발하는 계기가 됐다.

2013년부터 개발을 시작해 이듬해 제품을 출시하였다. 초기에는 '판로개척'에 어려움을 겪었으나 물리적 PC와 논리적 PC의 문제점을 개선하였다는 점이 시장에서 인정받기 시작하였다. 2010년 10억 원대였던 매출이 2018년 100억 원 대를 훌쩍 넘어섰다. 10배 성장한 것이다.

나눔 실천을 위한 기업을 꿈꾸다

그녀의 첫 창업은 생계형 창업이었다. 그러나 2006년 두 번째 창업은 '나눔을 실천하기 위한 창업'이다. 그녀가 다시 사업의 길에 들어섰을 때 '사회적 기업'을 지향한 것도 나눔을 실천하는 데 있어 스스로 나태해지지 않기 위해서이다. 현재 회사에서 일하고 있는 직원 60%가 취약 계층이다. 그중에서 장애인들이 가장 많고 경력단절 여성과 고령층 재취업자도 있다.

'나눔 실천'은 그녀가 창업을 결심한 순간부터 컴트리의 '존립이유'이자 '존재가치'가 됐다.

"나는 장애를 가졌다는 것이 인생의 걸림돌이 될 수 없다고 생각해요. 그들에게 기회를 주고 꿈을 키워 주고 싶어요. 외부 환경에 위축되기 쉬운 장애인들이 스스로 성장하고 자신의 삶을 주도적으로 만들어 나갈 수 있게 된다면 그것보다 행복한 일이 어디에 있겠어요?"

그녀는 이들과 같이 만든 '융·복합 기술개발 제품'으로 '사회적 가치'를 창출하며, 함께 나누고 더불어 성장하는 '컴트리'를 꿈꾸고 있다.

16

긍정적인 생각이 큰 결과를 만들다

성장 과정에서의 극심한 가난, 불투명한 미래에 대한 불안과 걱정이 버거웠던 게 사실이지만, 한편으론 그것들이 현재의 나를 한층 더 강하고 대담하게 만드는 데 일조하기도 하였다고 생각해요. 지나고 나서 보면 대부분은 쓸데없는 걱정을 미리 한 게 아니었나 생각합니다. 걱정을 미리 하지는 말자. 십중팔구는 헛된 걱정이다. 나는 다 잘될 것이다. 지난 세월보다 더 힘들 일이 뭐가 있으랴 생각했어요. 그렇게 마음먹은 뒤로 마음이 한결 편안해지고 여유가 생겼어요.

㈜그랜드코단 대표이사 김성채는 작은 시골마을에서 어린 시절을 보냈다. 조부모의 보호 아래 유년 시절을 보내다가 초등학교 5학년 때 상경하여 부모님과 뒤늦게 함께 살게 되었다. IMF의 시련은 그의 인생에 '터닝 포인트'가 되었다. 그 이전까지 긍정적인 마인드와 노력으로 영업 실적이 매우 좋아 승진도 빠르고 안정적인 삶이었다. IMF 경제위기 때 그는 '토목자재 유통' 사업에 과감하게 뛰어들었다. 지금은 친환경 토목자재를 생산하는 ㈜그랜드코단을 운영하며 연평균 70억 원의 매출을 올리고 있다.

미래를 대하는 마음가짐을 배우다

김성채 대표는 3남 2녀 중 장남으로 태어났다. 전남 고흥이 그의 고향이다. 그의 부모는 그가 5살 때 그를 조부모에게 맡겨 놓고 상경해서 여러 가지 사업을 하였다. 그의 부모는 희망을 안고 서울로 올라와 자리를 잡았지만, 그때부터가 고생 시작이었다. 고향의 전답을 하나하나 정리하면서 서울생활에 적응하려 했으나, 도리어 집안 형편은 점점 더 어려워져만 갔다. 그의 부모는 가족들이 계속 떨어져 있을 수 없어 그를 서울로 전학시켰다. 그가 초등학교 5학년 2학기를 다니고 있을 때이다. 서울에서의 학창생활이라곤 하지만 그는 친구들과 어울려 노는데 정신이 팔려 중·고등학교 시절 사실 공부는 흥미도 없었고 뒷전이었다.

대기업 설계사무소에서 일하는 그의 사촌형이 방황하는 그를 안타까워하였다.

"아무 대학이든 토목과를 졸업하면 좋은 회사에 들어갈 수 있다. 내가 일자리를 소개해주마."

당시는 중동 붐이 일어나 토목기사가 최고의 대우를 받던 때였다. 집안 형편도 여의치 않고 해서 부천 소재의 전문대(야간) 토목과에 입학하였다. 사촌형이 소개해준 설계사무소에서 아르바이트를 하고 저녁에는 학교에서 공부를 하는 생활이었다. 아침 7시에 설계사무소에 출근해서 오후 4시까지 회사에서 일하고, 5시까지 학교에 가야 하였다. 10시까지 수업 듣고 집에 오면 11시가 넘는 경우가 대부분이었다.

"을지로 3가에서 부천에 있는 학교까지 1시간 걸렸어요. 회사에 일이 많아 오후 4시에 학교 가는 게 눈치가 보였어요. 그리고 공부와 거리가 먼 생활을 했는데 갑자기 안 하던 공부를 하려니 무척 힘들었어요. 집안 형편도 어려운데 학교 등록금을 겨우 내는 입장이라 포기할까도 생각했어요."

격무와 시간 부족으로 너무 힘들어서 학교를 결석하는 경우도 많았다. 그는 "과연 이대로 졸업할 수 있을까?" 하는 의구심까지 들어서 대학 자퇴를 고민하기도 하였다. 그렇게 대학 2학년이 되었다.

어느 날 회사 선배로부터 "토목기사 자격증이 있으면 대우가 달라지니 열심히 해 봐!" 라는 이야기를 듣고 졸업 전 몇 달간 무척 열심히 공부하였다. 당시 토목기사 시험은 응용역학, 철근 콘크리트학, 수리학, 토질역학 등 수학에 관련된 것이 대부분이었다. 학창 시절 공부를 제대로 하지 않았던 그에게는 너무나도 어려운 산이었다.

"수학과 관련된 문제들이 몇 달 공부를 한다고 되는 것이 아니었어요. 이해 안 되는 공식은 전철을 타고 다니면서 거의 다 외웠어요. 야간 학부생 80명 중 2명이 합격했는데 내가 거기에 들어 있어서 다들 놀랐어요. 쟤가 공부를 열심히 하냐? 학교를 제대로 나오길 하냐? 어떻게 합격할 수 있었는지 다들 의아해 했죠."

그가 살아오면서 '공부'라는 것을 해서 느껴본 첫 성취감이기도 하였다. 목표 의식을 갖고 열의를 다하면 뭔가 이룰 수 있다는 확신을 그때 그는 얻지 않았나 싶다. 그 일은 그에게 위기를 피하지 않고 정면으로 돌파하는 '자양분'이 되었다.

"성장 과정에서의 극심한 가난, 불투명한 미래에 대한 불안과 걱정이 버거웠던 게 사실이지만, 한편으론 그것들이 현재의 나를 한층 더 강하고 대담하게 만드는 데 일조하기도 하였다고 생각해요. 지나고 나서 보면 대부분은 쓸데없는 걱정을 미리 한 게 아니었나 생각합니다. 걱정을 미리 하지는 말자. 십중팔구는 헛된 걱정이다. 나는 다 잘 될 것이다. 지난 세월보다 더 힘들 일이 뭐가 있으랴 생각했어요. 그렇게 마음먹은 뒤로 마음이 한결 편안해지고 여유가 생겼어요."

영업 기본기가 자산이 되다
그는 22살에 군대를 만기제대하였다. 군대 가기 전에 다니던 회사의 하도급 회사에 들어갔다. 입사 후 몇 개월 지나지 않아 지인으로부터 조건이 좋은 회사로의 이직 제안을 받았다. 급여가 1.5배나 많았다. 망설임 없이 회사를 옮겼다. 재학 시절 취득해놓은 토목기사 자격증이 비로소 빛을 발휘하게 되었다.

옮겨 간 회사가 ㈜KODAN이었다. '보차도용 블록'을 생산하는 회사였다. 그는 설계 사업부에 입사하였다. 입사 후 2개월 즈음 되던 어느날 회사 대표가 영업과 관련한 자질구레한 일들을 그에게 시켰다. 그가 하는 것이 의외로 마음에 들었는지 영업부로 발령을 냈다. 하지만영업하기 좋은 건설회사의 거래처는 이미 선배들이 담당하고 있었기에, 그가 기존 시장을 뚫어 영업하는 건 매우 어려운 일이었다.

이번 주는 테헤란로, 다음 주는 강남대로 식으로 대로주변을 발로뛰며 영업을 시작하였다. 출근하면 카탈로그를 가방에 담아 매일 각주요 도로의 건물주를 50명씩 만났다. 그는 제품을 파는 건 둘째이고, 자신의 담력을 시험하러 간다고 생각을 하였다. 처음 몇 주간은 도대체 자신이 무슨 말을 하는지도 모른 채 무작정 밀고 들어가 카탈로그를 펴놓고 두서없이 설명하였다. 그런데 문전박대를 받으면 받을수록강해졌다. 근력이 생긴 것이다. 사람 만나는 것에 적응되면서 자신감이 생겼다. '영업인'으로 제대로 뿌리를 내리기 시작하였다.

"설계하러 회사에 들어왔는데 4개월 만에 설계에서 영업으로 바뀌었어요. 그리고 몇 개월 후 회사를 매각한다는 얘기가 나오고, 내 위에 있던 부서장 두 분 선배가 회사를 그만두었어요. 다른 사람에게 회사가 인수된 거예요. 마침 그분들이 타던 차가 있었는데 대우차 '맵시'라고 기억됩니다. 그 당시 자동차는 부서장이 타고 다니는 것이지 직원이 타는 것이 아니었어요. 당시 27살에 회사에서 차를 받은 것은 나에게 크나큰 행운이었어요. 때마침 영업 실적도 올라가기 시작했어요. 나름 행복한 나날이었습니다."

그는 영업 실적이 좋았고 승진도 빨랐다. 회사가 1990년 초에 G백화점 계열사인 G종합건설에 매각되었다.

"G종합건설에서는 부장 명함 들고 오니까 과장으로 일했으면 좋겠다는 권유가 있었어요. 우리 그룹에서는 40~50대가 부장인데, 30대에 무슨 부장이냐는 거예요. 급여를 똑같이 주되, 직위는 낮추겠다는 거예요. 자존심이 상해서 안 되겠다 했어요. 다른 사람 찾아보라고 말하고, 사표를 내고 3일간 출근을 안 했어요. 월급을 더 준다 해도 직위가 강등된다면 자존심에 상처를 받는 것이라는 생각이 들었어요. 그렇게 하면서까지 일하고 싶지는 않았습니다."

그가 부서를 책임지는 중요한 위치에 있었기 때문에 회사에서 합의가 들어왔다. 그는 회사에 3가지 조건을 걸었다. 핸드폰을 지급해

달라고 하였다. 휴대폰이 수백만 원 할 때였다. 그리고 부장자리 보장을 요구하고, 마지막으로 영수증을 제출할 필요가 없는 활동비 50만 원을 요구하였다.

"사실 그때 회사에서 안 잡았으면 독립해서 '토목 건축자재 유통'을 하려고 했어요. 영업에 어느 정도 자신감이 있었을 때였으니까요. 휴대폰이 비쌀 때였고, 활동비 50만 원도 사실은 과도한 것이었습니다. 어차피 그만 둘 생각이었으니 무리한 요구를 한 거예요. 그런데 3가지 조건을 모두 들어준다고 하니 어쩌겠어요."

그렇게 회사에 남게 되었다. 그는 "지금 와서 생각하면 그때 무슨 배짱이었는지 모르겠지만 아무튼 그로 인해 상당한 경제적 보상을 받은 것은 틀림없다."고 말한다.

현실 안주보다는 위험을 선택하다

1997년 IMF가 터지면서 G그룹의 자금사정이 무척 어려워졌다. G종합건설 코단 사업소를 매각하려고 하였다. 그것을 계기로 자신의 길을 새로 찾아보자고 생각하였다. 그가 회사를 그만둔다고 하자 사업소를 인수한 회사도 그를 붙잡았고, 업계에서 잘 나가던 회사에서도 그에게 스카우트 제의가 들어왔다.

"굉장히 고심했어요. IMF가 아니었으면 독립하지 않았을지도 몰라요. 그때 당시 37살이었는데 대기업 부장 이상의 대우를 받았을 때였으니까요. 그 누구라도 툴툴 털고 자기 사업하기가 어려운 상황이었을 거예요. 그 당시 잘나가던 동종업계 H회사도 나를 좋은 조건으로 스카우트하려고 했어요."

주변에서 다들 만류했지만 그는 위기인 지금이 기회일 수 있다고 생각하였다. 1998년 그는 토목자재 유통업을 전문으로 하는 코단기업을 창업하였다.

"코단 사업소를 인수한 회사에서 사무실 한 칸 내 줄 테니 전화기 한 대 놓고 거기서 내 일을 하라고 하는 거예요. 인수 회사가 궁금해 하는 것을 알려주는 조건이었어요. 알려줄 건 다 알려주고 거기서 6개월 있다 보니 사무실을 무료로 사용하는 것이 미안한 거예요. 그래서 사무실을 옮겼어요."

그는 강남구 포이동으로 사무실을 옮겼다. 그의 친구는 직원과 둘이서 35평을 쓰고 있었는데, 친구가 사무실을 반씩 사용하자고 해서 월세를 절반씩 나눠 내기로 하였다. 그는 보증금 없이 월세 70만 원을 냈다.

"내가 남보다 발 빠르게 움직였던 것이 두 가지가 있었어요. 첫 번째는 온라인 판매 초창기였는데, 인터넷 홈페이지를 개설해서 홍보에 전념했고, 두 번째는 향후 친환경 제품이 시장을 지배할 것에 대비해서 잔디블록과 투수블록을 연달아 개발했어요. 잔디블록은 실용신안 기한이 12년이었는데, 거의 12년을 독점하다시피 했어요. 국내 잔디블록 시장을 대중화시킬 정도였으니까요. 그걸로 회사 기틀을 잡았습니다."

한마디로 "승승장구"하였다. 그 당시 자신이 직접 개발한 '지적재산권'을 기반으로 연 30억 원 이상의 매출을 올렸다. 그와 직원 1명이 매입, 출고, 송장, 세금관리 등을 했으니, 더 이상 관리하는 건 무리일 정도로 '과부하'가 걸리고 있었다.

2006년 '중소기업 간 경쟁제품 제도'가 도입되었다. '콘크리트블록류'는 중소기업이 직접 생산하는 제품이어야 공공기관과 계약할 수 있게 된 것이다. 그래서 그는 곧바로 공장 부지를 확보하고 공장을 짓고, 기계도 들여놓았다. 작업이 마무리되면서 '㈜그랜드코단'을 새로 설립하였다.

"나에게 사업 운이 좀 따라 준 것 같습니다. 'IMF'를 계기로 사업을 하게 되었고, 2006년 '직접생산 확인제도'가 도입되었을 때 직접 공장을 운영하게 되었어요. 공장을 하게 되면 제품이 팔리든 안 팔리든 고정비용이 연간 약 20억 원 정도 지출됩니다. 그래서 1년만 사업이 잘 안되어도 큰일 날 수 있다는 걱정이 없지 않았지만 과감하게 투자했어요. 은행에서도 조금 빌렸습니다. 그 해부터 1년에 40~50억 원 이상 매출을 올렸어요.

그는 '선택의 순간'에 언제나 '위험부담'이 있는 쪽을 선택했고, 그것은 항상 적중하였다. 최근에 여주에 1만 3천 평 공장 부지도 확보하고 완전 자동화 설비 구축을 마쳤다. 그리고 강남에 본사도 마련하였다.

결국 영업이 그의 적성에 맞은 것이 아니었냐고 그에게 물었다. 그러자 그는 다음과 같이 답하였다.

"누구나 자기 자신의 타고난 소질을 다는 알지 못하는 것 같아요. 인간은 사회적 동물이라고 하잖아요. 사회생활 중 주어진 환경에서 기회가 왔을 때 어떻게 적응하고 활용하는지가 중요하다고 생각합니다. 내가 영업을 하게 될지, 사업을 할지 누가 알았겠습니까? 내 자신도 몰랐으니까요. 그 당시는 일을 맡기면 최선을 다하려고 했어요. 막상 영업을 하다 보니 흥미를 느꼈고 내게도 이런 방면에 기질이 있다는 것을 처음 알게 됐습니다."

회사가 안정적이어서 시간적인 여유가 많은 것 아니냐는 질문에 그는 다음과 같이 대답하였다.

"처음 창업한 후 약 10년은 아침에 7시까지 사무실에 출근해서 퇴근 시간이 8시였어요. 하루 13시간 거의 휴일 없이 일했어요. IMF때 사업을 시작해서 언제 한번 마음 편하게 회사를 이끌어 갈 때가 있었던가 싶습니다. 어느덧 이순, 환갑이 가까이에 와있어요. 나이를 한 살 한 살 먹어가면서 느끼는 것도 많고 반성하는 것도 많아집니다. 한편으로 아직 풀어질 때가 아니다. 초심을 잃지 말자는 생각도 하고 있습니다."

그는 "사업 운이 좋았다."라고 말한다. 사업이 어디 '운'만으로 되는 것인가. 성장 과정에서의 힘들었던 경험들이 그를 단단하게 해서 웬만한 시련은 '무게'로 생각하지 않는다고 보는 게 더 맞는 말이지 않을까. 긍정적으로 생각하고 행동을 하면 원하는 것을 얻을 수 있음을 성공한 이들의 삶을 통해 본다. 주저와 걱정만으로 이루어지는 것은 아무것도 없다.

5장

변화의 힘은 위대하다

"나는 유별나게 머리가 똑똑하지 않다.
특별한 지혜가 많은 것도 아니다.
다만 나는 변화하고자 하는
마음을 생각으로 옮겼을 뿐이다."

- 빌 게이츠 -

❗ 사람이 제일 중요하다

기업들은 전통적으로 '4M'을 매우 중요하게 여겼다. 4M은 시스템에 투입되는 요소 중 Man(사람), Machine(기계), Material(자재), Method(방법)를 말한다. 이들은 생산관리의 기본이며 사업의 성패를 좌우하는 '중심축'으로 불린다.

그런데 여기에 Measurement(측정), Mother-nature(환경), Morale(사기)까지 포함하여 생산관리 요소를 말하는 사람들이 조금씩 늘어나고 있다. 이렇듯 그 개념이 확대되는 것은 바람직하다. 복잡한 현대 사회에서 4M만으로 문제의 원인을 찾아내기가 어렵기 때문이다.

요즘은 생산관리를 넘어 이러한 M을 기업경영에 도입하는 기업들이 증가하고 있다. 이중 가장 중요한 것이 'Man(사람)'이다. 나머지 M은 Man(사람)이 잘할 수 있도록 지원하는 역할이어야 한다. 그런데 일부에서 Man(사람)을 중요시 하지 않고, 수단으로 취급하여 엄청난 사회적인 파장이 발생하기도 한다. 어떠한 경우에도 사람은 목적 그 자체여야 한다.

최근 '사람'의 중요성을 인정하는 기업들이 많아지고 있다. 사람의 사고와 태도에 따라 생산성과 그 결과가 달라진다는 것이 수많은 사례에서 입증되고 있기 때문이다. 이러한 이유로 직원들을 내부 고객의 수준으로 대우하며 성장하고 있는 기업들은 경쟁력의 원인을 '사람의 힘'으로 돌린다.

17

하루도 빠짐없이 혁신을 실천하다

우리 회사의 사훈이 '일신 일일신 우일신(日新 日日新 又日新)'입니다. 매일매일 혁신하는 것을 말합니다. 기업은 혁신하지 않으면 안 돼요. CEO는 하루도 빠짐없이 공부해야 합니다. 현실에 안주하면 도태될 수밖에 없어요. 나 스스로도 더 넓은 시야를 가지기 위해 매일 공부하고 있어요.

㈜삼진정밀, ㈜삼진JMC 등 3개사를 운영하고 있는 대표이사 정태희는 대학교수가 꿈이었다. 무역회사를 다니면서 시간강사를 하던 중 1987년 어머니가 중풍으로 쓰러지면서 대전으로 내려왔다. 그는 고무대야 제조공장을 운영하던 아버지를 도왔다. '고무대야'와 '수도계량기보호통'을 만들고 이를 납품하는 일이었다.

1991년 그는 조그만 창고에서 '밸브개발'을 시작하였다. 사업품목을 가정용에서 시작해 오일, 가스, 화학용 특수밸브 제조와 중공업 특수 분야까지 확대하였다. 최근에는 환경산업에도 진출하였다. 이러한 끊임없는 혁신을 통해 첫해 매출 4,000만 원에서 지금은 연매출 1,600억 원을 올리고 있다.

새로운 꿈을 찾아 나서다

정태희 대표의 고향은 충남 태안군 파도리이다. 외삼촌이 서울 중앙우체국에 합격하면서 그의 부모는 그가 초등학교 2학년 때 서울로 유학을 보냈다. 당시는 장남에 대한 기대감이 매우 컸던 시대였다.

그는 대학원 경영학 석사를 마치고 박사과정을 밟고 있었다. 무역회사에 다니면서 틈틈이 시간강사도 하였다. 그런데 1987년 그의 어머니가 갑자기 중풍으로 쓰러졌다. 그의 아내는 대전에 먼저 내려가서 어머니 병간호와 집안 살림을 맡았다. 그는 주말에 대전과 서울을 왕복하였다.

"어머니가 중풍으로 쓰러지시다 보니 1년 동안 대전하고 서울을 왔다 갔다 했어요. 생활이 되지 않았어요. 당시 대학 교수가 되는 것이 꿈이었는데, 선배들을 보니 평생 시간강사로 늙는 분들도 있었어요. 전임되는 것이 쉽지 않겠다는 일종의 회의감 같은 것도 들었어요."

그는 다니던 무역회사를 그만두고 대전에 내려올 수밖에 없었다. 그만두고 내려온 데는 무엇보다 집안 사정이 가장 컸다. 대전에 내려와서 그는 고무대야 제조공장을 운영하던 아버지를 도왔다. 폐비닐을 수거하고 말려서 먼지를 털고 이를 녹여 고무대야 등을 만드는 일이었다.

"누더기 같은 장갑 2~3개를 끼고 고온의 고무대야를 만들어서 손수레에 싣고 배달을 다녔어요. 나름대로 꿈이 있었는데 거울을 쳐다보면 거지꼴이었어요. 그때는 정말 힘들었어요. 나는 일하면서 심리적으로 스트레스를 받았고, 아내는 어머니 병간호를 하느라 탈진했어요."

3년여를 먼지 구덩이 같은 공장에서 일하다 그보다 5살이 많은 밸브 기술자 황경서 씨(현재 삼진정밀 고문)를 만나 삼진정밀 설립에 뜻을 모았다.

"수도사업소에 '수도계량기보호통'을 납품하러 가면 우리나라가 택지개발도 많이 하니 앞으로 밸브가 사업성이 있다는 말을 많이 들었어요. 솔직히 내가 이공계 출신도 아니고 그걸 어떻게 하는지 모르잖아요. 어느 날 황경서 씨를 만나 얘기하다 보니 자기가 밸브를 개발할 수 있다고 하더군요. 그래서 밸브 사업을 시작하게 됐어요."

부딪치며 배우며 성장하다

1991년 그는 지인에게 창고를 빌려 창업하였다. 그곳을 공장 겸

사무실로 사용하였다. 15㎜ 밸브를 개발하는 데 2년 넘게 걸렸다. 제품이 개발되는 동안 그는 전국으로 영업을 다녔다. 버스를 타고 기차를 타고 한번 영업을 나가면 2박 3일 동안 전국을 다녔다. 사무실에 복귀해서는 밸브 개발하는 일을 도왔다.

"처음에는 타 회사의 밸브 제품을 팔러 다녔어요. 2년 여를 그렇게 다니다가 중고차를 사서 타고 다녔어요. 그때부터는 당일로 출장을 다녔어요. 트렁크에 제품을 싣고 영업도 하고 배달도 하고 그랬죠. 지자체 등을 다녔는데, 그곳에서 유통 취급 거래처를 소개해주었어요. 초기에는 결제가 잘되지 않았어요. 제품이 3개 팔리면 3개 값 받고 그랬죠. 10년 동안 그렇게 영업을 했어요. 손님이 있어서 못 만난다고 하면 손님이 갈 때까지 기다렸다가 만나곤 했어요. 자기들끼리 놀다 미안해서 만나주고 그랬죠. 그때는 그분을 만나야 얘기도 되니까…, 끝까지 기다렸어요."

창업 초기에는 품질에 대한 개념이 없었다. 그래서 품질관리가 원활하지 못하였다. 1993년 '대전 엑스포'가 며칠 남지 않은 어느 날이었다. 그는 다급한 전화를 받았다. 납품한 밸브에 문제가 발생하여 물난리가 났다는 것이다.

"저녁시간이라 담당자가 퇴근하고 없었어요. 메인 관을 잠가야 하는

데. 휴대폰이 있었던 때도 아니어서 담당자와 연락이 되지 않았어요. 바로 인근에 전체를 조정하는 '엑스포 전산실'이 있는데 만약 거기에 물들어 가면 우리는 끝나는 거예요. 물이 허리까지 차오르고 있는데, 황경서 고문하고 나하고 발바닥으로 밸브를 2시간 넘게 틀어막고 있었어요. 나름대로 품질검사를 해서 납품한 건데, 밸브를 잠그면 어느 정도 가면 멈춰야 되는데, 제품에 불량이 발생해서 세게 잠그니까 헐거워 멈추지 않고 넘어간 거예요."

2시간 만에 담당자를 찾았다. 두 사람은 밤새 조치를 하였다. 그때부터 그는 제품 시험검사와 품질관리 체계에 대하여 적극적으로 고민하였다.

"그 당시는 품질관리에 대한 개념이 없을 때였어요. 원가 절감을 위해 포장박스보다 자루가 좋겠다고 생각하고 소형밸브를 자루에 넣었는데 서로 부딪쳐서 불량이 나곤 했어요."

그는 제품개발 단계부터 엄격한 '품질관리 시스템'을 도입하였다. 문제가 발생하면 덮으려고 하기 보다는 근본적으로 개선 조치를 하였다. 시간이 걸리더라도 제품을 완벽하게 만들어서 이를 유통시켰다. 15㎜ 가정용 밸브로 시작해 4,000㎜ 대구경 밸브와 댐에 사용하는 초대형 밸브까지 제품 영역을 확대하였다. 지능형 관망 시스템(상수도용 스마트 그리드)이라는 하드웨어와 소프트웨어를 망라한 기술도 보유하게 되었다.

"1991년 밸브 시장에 진입할 때 이미 20~30년 이상 된 밸브 전문업체들이 많았어요. 우리는 창업한 지 몇 년이 되지 않았지만, 어떻게 하면 제품을 그들과 다르게 만들까 고민했어요. 영세하게 시작했지만 고객들을 쫓아 다니면서 제품의 문제와 개선 요구사항들에 대한 얘기를 많이 들었어요. 사무실에 돌아와서는 그것을 계속 반영했어요. 창업한 지 8년 만에 국내 1위를 했어요."

삼진정밀이 계속 성장할 수 있었던 이유는 끊임없는 '혁신' 때문이었다. 그 당시는 '단체수의 계약제도'가 있었던 시기였다. 조합원사에 계약을 나눠주던 때였다. 회원사들은 별다른 노력이 없이도 수주가 가능한 시대였다. 대다수 업체의 혁신성은 크게 떨어졌다. IMF가 터지고 정부는 경기 활성화를 위해 SOC 사업에 적극적으로 투자하였다. 오히려 삼진정밀은 IMF 이후 급격한 성장을 이뤘다. 확보된 자산으로 1998년 자체 기술연구소를 설립하고, 기술인재 양성과 생산기술 향상을 위한 투자에 매진하였다.

"최고 호황은 IMF 때였어요. 우리는 후발업체로서 적극적으로 연구개발을 하고 직접 발로 뛰며 영업했기 때문에 오히려 매출이 더 늘어

낳어요. 수입이 생기면 지금도 그렇지만 회사에 자금을 유보해놓고 R&D 및 기술개발 인력에 투자를 하고 공장도 사들였어요. 조그만 창고에서 시작해서 5년 만에 700평짜리 공장을 매입하고, IMF 때는 2천 평 규모의 공장을 샀어요. 지금은 2만 평 규모의 공장을 가지고 있어요."

1991년도 그가 창업해 올린 첫해 매출액은 4천만 원이었다. 한 사람 월급을 주는 것도 빠듯하였다. 그 다음 해는 2억 원, 3년 차는 6억 원, 4년차는 12억 원이었다. 10년도 안 되어 매출액이 100억 원을 돌파하였다. 매출규모가 매년 급속도로 증가하였다.

생각의 크기를 지속적으로 확대하다

2003년에 들어서자 그는 해외로 진출해야겠다고 생각하였다. 밸브 시장이 포화상태라 밸브 매출이 정체되었기 때문이었다. 그는 석유화학, 가스, 발전소에 들어가는 '산업용 밸브 시장'으로의 진출을 선언하였다. 상·하수도 밸브는 삼진정밀이 압도적 1위였다. 그러나 삼진정밀은 '고급기술'로서 이미지 접목이 쉽지 않았다. 그래서 삼진JMC를 새로 창업하였다. 아파트와 차를 제공하는 등 파격 조건을 내걸어 우수 R&D 인력을 채용하였다. 그 당시 고용한 직원들의 보수는 CEO인 그보다도 많았다.

"우리가 잘할 수 있는 밸브 시장을 유지하면서 석유화학, 가스 분야에 도전하자고 생각했어요. 거기도 밸브를 쓰니까. 상·하수도는 영하 10도, 영상 50도로 온도가 얼마 안 되고, 압력도 1~20kg이면 충분했는데. 그런데 특수 밸브는 온도가 200도에서 +500~+600도는 기본이고, 압력이 100kg이나 됩니다. 사이즈 수가 굉장히 많고 유체도 산부터 알칼리 등 독극물까지 다양했어요. 다들 무모한 도전이라고 했어요."

석유화학 분야에 대한 초기 투자금액이 70~80억 원에 달하였다. 그러나 첫해 매출이 1억 3천만 원으로 매우 초라하였다. 상·하수도 시장에서 삼진정밀은 누구나 아는 회사였다. 그러나 특수밸브 시장에서는 그의 회사를 전혀 알지 못하였다. 자칫 잘못하면 '폭발 사고의 위험성'이 있기 때문에 진입 장벽도 굉장히 높았다.

"SK, 삼성 등 대기업은 써보지 않은 제품은 절대 사용하지 않았어요. 그때 함부로 들어가는 시장이 아니라는 것을 알게 되었어요. 현대오일뱅크 등 대기업은 우리에게 뭐하는 회사냐고 하더군요. 그렇지만 전혀 실망하지 않았어요."

그는 눈을 해외로 돌렸다. UAE 국영가스회사(GASCO), 쿠웨이트 국영원유사(KOC), 쿠웨이트 국영 정유사(KNPC) 등에 설비를 공급할 수 있는 공식 납품 자격을 우선 획득하였다. 조금씩 인지도가 쌓이면서 매출이 늘어나기 시작하였다. 첫 1~2년은 적자가 20억 원 이상 되었다. 해외 실적이 늘어나면서 이를 토대로 국내시장에 진출하였다. 삼성, SK 등에 납품을 하기 시작한 것이다. 2012년 4년 만에 92억 원, 그 다음에는 170억 원으로 실적이 늘어나고, 자금운용 상황도 눈에 띄게 좋아지기 시작하였다.

2014년 나로호 우주발사체에도 납품하였다. 여기에 쓰인 밸브는 단위면적(㎠)당 500㎏의 무게를 견딘다. 상하수도용 밸브보다 50배 이상 뛰어난 내구성이다.

"러시아 발사체 실패 후 한국형 발사체인 '나로호'를 발사할 때 핵심 부품은 미국이 주기로 하였다가 안 주고, 프랑스하고도 일이 잘 성사되지 않았어요. 러시아도 기술이전을 안 해줬어요. 그래서 우리가 항공우주연구원 등과 함께 밸브를 개발했어요. 러시아 과학자들도 우리 제품을 보고 잘 만들었다고 했어요."

최근에는 삼진정밀의 영역이 더 한층 넓어지고 있다. 밸브를 넘어 IoT, AI, 바이오와 접목을 시도하고 있다.

"밸브를 다른 의미로 말하자면 일종의 제어잖아요. 제어는 IoT, AI와 연결되어야 한다고 생각해요. 필요한 경우 도시 하나를 제어하고 연결할 수도 있다고 생각해요. 예를 들면, 압력이 높으면 에너지가 낭비되는 거잖아요. IoT로 밸브 속 유량을 '모니터링'하고, AI로 원격 제어할 수 있는 시스템도 개발했어요."

2012년 상·하수도 보급률이 거의 90%를 넘어서고 있었다. 그래서 그는 '사업 영역'을 확대하기 위해 환경산업에 진입하였다. 상·하수도 환경 분야는 자체 기술이 없어서 외부의 기술을 아웃소싱하여 제품을 생산하고 있다.

"더 이상 갈 데가 없다고 생각했어요. '유지관리 시장화'가 되고 있는 것이 보였어요. 그래서 새로운 시장으로 생각한 것이 '환경산업'입니다. 하·폐수 처리시스템은 영남대학교와 공동연구를 했어요. 2012년부터 국제협약에 의해 산업폐기물의 일종인 슬러지(Sludge)[10]를 처리하도록 되어 있어요. 슬러지 처리 비용이 10배 이상 소요됩니다. 그것에 착안해서 슬러지를 고형화해서 에너지원으로 사용하는 '하·폐수 처리시스템'을 상품화했어요. 그리고 건설기술연구원과 기술 제휴를 통해 '마을단위 정수장치'를 개발했어요. 조그만 마을의 하천 지하수 중

---

10) 산업폐기물의 일종으로 물속의 부유물이 침전하여 진흙 상태로 된 것을 말한다. 하수도와 산업배수처리의 부산물로서 대량으로 발생한다.

오염된 곳에 설치하고 있어요. 원격제어, 모니터링 등 '중앙통제 시스템'을 적용하고 있어요. 최근에는 녹조를 맑은 물로 정화하는 장치를 개발해서 베트남 등에 수출하고 있어요."

2014년에는 투자회사도 만들었다. 이름이 DVP(대덕벤처파트너스)이고 그가 1대 주주이다. 성장성이 있는 대덕 특구 내 초기 기업을 발굴하고 멘토링, 사업계획서 수립·투자 등을 지원하는 활동을 한다. 투자회사를 통해 빠르게 변화하는 '첨단산업'을 들여다보고 일부는 직접 투자도 하고 있다.

"우리가 할 수 있는 것은 하고 있기는 한데, 첨단산업을 어떻게 하지? 2015년에 그런 고민을 굉장히 많이 했어요. 그래서 투자회사를 만들었어요. 정부펀드, 은행펀드도 들어와 있어요. 수소차, 바이오회사 등에 투자하고 있어요. 일부 회사는 삼진정밀이 직접 투자하기도 했어요."

그는 상·하수도 밸브에서 환경산업 등 고부가 가치 산업으로 계속 그 영역을 넓혀 가고 있다. '생각의 확대'가 어떻게 가능한 것인지 궁금하였다. 그는 다음과 같이 답변하였다.

"우리 회사의 사훈이 '일신 일일신 우일신(日新 日日新 又日新)'입니다.

매일매일 혁신하는 것을 말합니다. 기업은 혁신하지 않으면 안 돼요. CEO는 하루도 빠짐없이 공부해야 합니다. 현실에 안주하면 도태될 수밖에 없어요. 나 스스로도 더 넓은 시야를 가지기 위해 매일 공부하고 있어요. 사업계획 중 교육계획이 중요한 부분을 차지합니다. 부서별로 1주일에 3~4시간은 의무학습 시간을 할당하고 있어요. 직원이 외부에서 교육을 받으면 반드시 평가를 받아야 하고, 평가 기준을 통과하지 못하면 재시험을 보도록 하고 있어요. 책을 안 읽고, 독후감을 안내면 인사평가를 안 해요. 탈락 대상입니다."

회사에 필요한 경우에는 과학기술연합대학원대학교(UST) 석·박사 과정 등에 입학시키기도 하였다. 물론, 회사에서 전액 학비를 제공하고 연봉도 지급하는 조건이다. 그는 사람에 대한 투자는 아낌없이 한다고 한다. 학습시간이 너무 많아서 직원이 힘들다고 하지 않을까 우려되었다. 그는 이 질문에 다음과 같이 답변하였다.

"지방 중소기업에 인재가 어디에 있어요. 하소연한다고 해서 해결되는 것이 아닙니다. 우리가 가르쳐서 써야죠. 자원은 끊임없이 계발해야 해요. 기업은 결국은 사람이 하는 것이기 때문에 사람의 생각이 가장 중요해요. 우리 회사는 인적 자원 수준이 중상 이상 된다고 생각해요. 3~4년 우리 회사에 근무하다가 집이 서울이라서 서울에 있는 외국계 회사에 간 친구가 있는데, 여기 근무할 때는 힘들다고 했어요.

그가 일하는 사장실에 붙어 있는 '사훈'이다. 일신 일일신 우일신(日新日日新又日新) '날로 새로워지려거든 하루하루를 새롭게 하고 또 매일 매일을 새롭게 하라'는 뜻이다. 빌게이츠는 "나는 힘이 센 강자도 아니고, 두뇌가 뛰어난 천재도 아니다. 날마다 새롭게 변했을 뿐이다. 그것이 나의 성공 비결이다."라고 말하였다.

그런데 거기 가서 스타가 되었어요. 우리는 대기업 시스템에 가깝기보다는 자생적인 시스템에 가까운 것 같습니다."

최근 '오너리스크'에 대하여 화두가 되고 있다. 그 자신도 이 문제에 대하여 고민하고 있다고 답한다.

"오너십은 '단기성과'보다는 먼 미래를 보고 투자할 수 있다는 점에서 장점도 많아요. 그런 점에서 자녀에게 사업을 물려주는 '가업승계'가 나쁜 것만은 아니에요. 오너리스크가 도덕적인 문제로 발생하는 것도 있지만, 잘못된 판단을 해서 엉뚱한 짓을 하면 돌이킬 수 없는 손실이 발생하는 거잖아요. 그래서 '자기함정'에 빠질 수 있기 때문에 나 스스로도 '위기감'을 가지려고 합니다."

사업영역을 계속 확대하고 있는 것 자체가 '기업가 정신'이 아닌가 싶었다. 그는 이 질문에 다음과 같이 답하였다.

"처음에 사업을 배고파서 먹고살려고 시작했어요. 처음부터 기업가 정신이 생긴 것은 아니에요. 하다 보니 '사명감'도 생기고 그랬어요. 창업할 때부터 기업가 정신이 어디 있겠어요(웃음)."

그는 상하수도용 밸브 제조로 사업을 시작하여 특수 고압 밸브와

영하 196도에서도 동작하는 초저온 밸브를 개발해 산유국에 수출하는 것으로 영역을 계속 확대하였다. 또한, 나로호 우주발사체에도 초정밀 밸브를 납품하는 등 기술력을 널리 인정받고 있다. 최근에는 하·폐수 처리시스템, 마을단위 정수장치 등 환경산업에도 진출하였다. 또한 초기기업 투자를 위한 투자회사를 만들어 사업 영역을 계속 확대하고 있다. 창업 첫해 매출이 4,000만 원에 불과했으나, 지금은 관계회사까지 포함하여 연평균 매출 1,600억 원을 돌파하고 있다. 삼진정밀이 이렇게 성장하게 된 것은 '혁신' 덕분이다. 그는 인적자원 육성 등 '내부 시스템 혁신'을 토대로 R&D에 투자하고 새로운 시장도 개척하였다. 이는 그가 매 순간 변화를 꿈꾸며 혁신을 실천한 'World innovator'이었기 때문에 가능한 일이었다. 그의 비전과 로드맵이 명확하고, 이를 실천할 인적 자원도 매우 풍부하기 때문에 앞으로 그가 얼마나 큰 그림(Big Picture)을 그리게 될지 기대된다.

18

자신만의 브랜드를 만들어라

오늘을 사는 우리 청년들도 자기만의 색깔을 가지고 자기 인생의 '브랜드'를 만들어가는 삶을 살라고 당부하고 싶습니다. 사람은 모두 다릅니다. 그 누구도 아닌 자기 걸음을 걸어야 하며, 누구나 몰려가는 줄에 설 필요는 없습니다. 자신만의 걸음으로 자기의 길을 가라고 말씀드리고 싶습니다. 그런 삶이 행복에 가까운 삶이라고 생각합니다.

㈜파트라 대표이사 한상국은 직장생활을 하다 그만두고 아버지가 운영하던 도금회사를 물려받았다. 그는 '도금'만 해서는 부가 가치를 높이는 데 한계가 있다는 결론을 내렸다. '철공의자부품'으로 사업을 확장하며 성장을 위한 '기초'를 차근차근 다져 나갔다. 이를 기반으로 2000년 12월 '파트라' 브랜드를 론칭하고, '의자전문' 기업으로 전환하였다. 2018년에는 360억 원의 매출을 올렸다. 전 세계 70여 개 국에 1,300만 달러를 수출하는 세계적인 글로벌 의자브랜드로 성장하고 있다.

발로 뛰면서 현장을 배우다

한상국 대표이사는 대학졸업 후 일반 기업체에서 1년 정도 근무하였다. 1991년에 그의 아버지가 경영하는 현대금속에 합류하였다. 그 당시 현대금속은 도금을 전문으로 하는 영세 업체였다. 입사 후 1.5톤 트럭을 운전하며 영업부터 배웠다. 전국의 거래처들을 돌아다녔다. 셔츠는 늘 땀에 젖어 있었다. 귀가시간은 새벽 1~2시가 보통이었다. 귀가 후 그날 일을 정리하고 나면 잠잘 시간이 턱없이 부족하였다. 잠깐 눈을 붙이고 일을 하러 나가는 생활의 연속이었다. 그는 그 당시를 "자신보다 트럭이 먼저 퍼질 정도로 부지런히 일하던 시절이었다."고 회상한다.

정신없이 바쁜 시절이었다. 그는 아내와 소개로 만났다. 다섯 번째 만난 자리에서 "나는 당신이 무척 마음에 든다. 결혼을 전제로 만나고 싶다. 하지만 지금 나는 해야 할 일이 많아 연애할 시간이 많지 않다. 나를 이해해줄 수 있는 마음이 있다면 다음 약속에 꼭 나와 달라"고 말하였다. "그때는 무엇보다 일이 먼저였다. 지금 생각하면 무슨 배짱으로 그랬는지 모르겠다."고 그는 회상한다. 다행히 그녀는 다음 만남에 나와 주었다. 대기업 디자인팀에서 근무하던 그녀는 작은 도금 공장을 이끌어가야 하는 그의 상황을 이해해주었다. 지금까지 사업을 하는 동안 든든한 지원자 역할을 해주고 있다. 입사 후 6개월 지날 즈음, 그의 선친이 그에게 회사를 직접 맡아 경영하라고 하였다. 회사를 넘겨받긴 했지만 그의 생활은 전과 달라지지 않았다.

차근차근 기초를 다지다

그가 회사를 맡은 지 2~3년의 시간이 흘렀다. 그는 '도금'만 해서는 부가 가치를 높이는 데 한계가 있다는 결론에 도달하였다. 1994년 수많은 고민 끝에 '철공의자부품'으로 사업을 확장하기로 하였다. 철공의자부품을 도금하여 납품하기로 한 것이다. 그것도 그냥 한 것이 아니라 부품의 표준화를 시도하였다. 그 당시 의자들은 디자인이 모두 유사했다. 부품들도 조금씩 차이는 있었지만 크게 다르진 않았다. 그래서 모든 의자에 맞게 표준화된 부품을 제작해 도금하기로 하였다. 전국의 가구와 의자제조 업체에 납품하였다. 폭발적인 인기였다. 제품을 표준화해 납품하니 생산성도 매우 높았다. 표준화된 의자부품 납품으로 도금만 할 때보다 회사 사정이 나아졌다.

"거창하진 않지만 의자 부품을 표준화한 것은 국내 최초였어요. 여기에 '도금'까지 해서 납품하니 가구회사에서 매우 좋아했어요. 지금으로 말하면 일종의 '융합'이었다고 생각합니다."

그러나 특허 같은 지식재산권을 가진 독창적 기술이 아니다보니 경쟁업체가 '부품 표준화'를 쉽게 모방하였다. 날이 갈수록 경쟁사들과의 경쟁이 심해졌다. 서로 납품가를 내리며 제살을 깎아 먹는 형국이 되었다. '가격'을 납품을 받는 거래처에서 '결정'하게 되는 상황이 되었다. 속된 말로 '을'의 입장에서 가격 경쟁밖에 할 수 없는 비참함과 상실감, 좌절감이 말이 아니었다. 그때 그는 "내가 가격결정을 하지 못하는 사업은 절대 하지 않겠다."라고 결심하였다. 이때부터 완제품 '의자 생산'에 대한 꿈을 키워갔다.

하루아침에 '완제품' 생산을 할 수 있는 게 아니다. 그는 이를 위한 준비를 차곡차곡 시작하였다. 우선 '생산 공정'을 획기적으로 개선해 '가격경쟁력'을 확보하기로 하였다. IMF가 터지기 직전이라 경기가 좋지 않았다. 부도가 나거나 어려운 회사에서 내놓은 'CNC'나 '로봇 용접기' 등을 사들였다. 새로 산 기계들의 조작법을 익히고 공정 개선을 위해 기계 옆에서 밤을 지새우는 게 다반사였다. 생산에 들어갈 만반의 준비를 하였다.

이후 IMF가 터지고 많은 사람들이 힘들었지만 그의 회사는 바빠서 정신이 없었다. 개선된 현장의 생산성은 경쟁업체와 비교가 되지 않았다. 당시 납품하던 의자 팔걸이를 기존 경쟁사보다 4분의 1 이상 저렴한 가격에 납품할 수 있었다. 그 결과 물건을 받기 위해 거래처에서 줄을 섰다. 현금을 들고 오는 거래처를 우선하여 물건을 줄 정도였다.

글로벌 강소기업을 꿈꾸다

이 시기에 번 돈으로 '의자' 생산 기반을 마련하였다. 그는 의자가 책상의 보조 가구가 아닌 그 자체만으로도 하나의 훌륭한 브랜드가 될 수 있을 것이라 생각하였다. 업계 최고의 의자를 만들고 싶었다. 현대금속을 경영한 지 10년 만에 새로운 도약을 할 때라고 생각하였다. 의자 사업으로 전환하기로 결심하고, '파트라'라는 브랜드를 론칭하였다.

파트라(PATRA)는 'PAcific TRAin'의 줄임말로 태평양을 컨테이너로 두를 만큼 많은 의자를 수출하는 세계적인 의자 회사를 만들겠다는 의미를 담았다. 첫 번째 의자가 나오기까지 수많은 시행착오를 겪었다. 밤을 새워가며 만들고 부수기를 반복하였다. 시중의 모든 의자를 연구하고 분석하였다. 단순히 부품을 제조할 때와는 비교가 되지 않을 정도였다. 부품제조를 하며 쌓은 경험이 도움이 되긴 했지만 완제품 생산은 부품생산과는 다른 세계였다. 완제품을 만들어 본 경험이 없었기에 시제품을 개발하기까지 1년이 넘는 시간이 소요됐다. 그렇게 해서 만든 첫 제품이 2000년 출시된 '아미고'였다. 다음 해에는 '스팅'을 연속 출시하면서 파트라는 완제품 의자를 생산하는 기업으로 새로운 도전에 나서게 됐다.

"업계 최고의 의자를 만들고 싶었어요. 그런 믿음이 지금까지 내 자신을 이끌어온 원동력이라 생각합니다. 지금은 고객들이 오히려 책상보다 의자를 구매할 때 더 신중하고 여러 가지 면을 비교합니다. 내 신념이 틀리지 않았음을 입증한 것이라 생각하며, 그래서 더욱 책임감을 느끼며 고품질의 의자를 만들기 위해 노력하고 있습니다."

그러나 의자를 생산하는 것보다 '판매'하는 것이 더 어려운 문제였다. '인지도'가 너무 낮았기에 시장에서 찾는 사람이 드물었다. 낮은 인지도를 극복하고 품질로 평가받기 위해 해외시장에 눈을 돌렸다. 돌파구로 선택한 것이 '해외전시회'였다.

2001년 도쿄가구전시회에 처음 나갔다. 관심 있게 봐주는 사람은 많지 않았다. 의자 한 종류에 부스도 초라했으니 관심을 받는 게 오히려 이상하였다. 제대로 '의자'로 평가받고 싶었지만 쉽지 않은 상황이었다. 고객입장에서 생각하면 그것은 당연한 결과였다. 그는 실망보다는 더 지독하게 해야겠다는 오기가 생겼다. 그래도 운이 좋아 참가한 전시회에서 첫 수출 계약을 할 수 있었다. 계약서에 서명하는 순간 누군가 그가 생산하는 제품을 알아주었다는 점에 상당한 용기를 얻었다. 첫 수주액은 약 2천만 원에 불과하였다. 그건 단순한 2천만 원이 아니었다. 그 계약으로 인해 얻은 그의 자신감은 2억, 20억 그 이상의 자산이 되었다. 그 이후로도 작은 오더가 드문드문 들어왔다. 2004년 해외전시회 참가 4년째 되던 해 미국에서 대형 오더를 받았다. 기술력을 인정받고 본격적인 수출길이 열리게 된 것이다.

"그 당시 국내 의자브랜드가 해외시장에 진출하는 것 자체가 이례적인 일이었어요. 제대로 된 사무용 의자 수출은 파트라가 국내 최초일 겁니다."

이후 1년에 3~4회씩 일본과 미국, 중국과 유럽을 비롯한 해외전시회에 참가하였다. 해외전시회를 통해 수주량이 늘어가자 국내 다른 업체들도 해외전시회에 참가하는 분위기가 조성되었다. 의자도 수출이 된다는 것을 파트라가 보여줬고 그 뒤를 국내 업체들이 따라온 것이다.

2008년 금융위기가 닥쳤다. 신제품들을 계속 출시했으나 인지도가 낮아 국내매출은 지지부진하였다. 하지만 꾸준히 참가했던 해외전시회 덕을 보게 되었다. 2000년대 후반 해외수출 실적이 급격히 증가하며 금융위기를 극복할 수 있었다. 현재는 국내 매출이 수출을 앞서고 있지만 그 당시는 전체 매출 중 내수 30%, 수출 70%의 비중을 차지하고 있었다.

경쟁력을 갖추기 위한 전략들

위기는 외부상황이 악화될 때보다 현재에 안주하고 미래에 대한 준비를 게을리할 때 발생한다. 어렵다고만 하면 정말 할 수 있는 게 아무것도 없다. 그는 할 수 있다는 생각으로 모든 어려움을 극복해 왔다.

그는 "치열한 경쟁에서 살아남기 위해 자신만의 '브랜드'를 가져야 한다."라고 조언한다.

1) 끝까지 버텨라

'의자' 생산은 20년이 되었지만 이익이 나기 시작한 지 그리 오래 되지 않았다. 제품은 한번에 뚝딱 나오지 않는다. 1~2년간 무수한 실패와 반복의 과정을 거쳐야 하나의 제품이 나온다. 실패는 결과가 아닌 과정이었다. 실패를 실패라고 생각하는 순간 주저앉게 된다. 그는 실패를 성공으로 가는 과정으로 생각하고 가장 좋은 의자를 만든다는 목표만 보았기에 포기하지 않고 도전할 수 있었다. 또한 이익을 내지 못한 힘든 기간이 훨씬 길었지만 의자에 대한 고집스러운 사랑과 목표를 향한 집념으로 13~14년을 버틸 수 있었다.

"제품 개발 과정에서 한번에 제품들이 개발되어 나오진 않아요. 1~2년간 무수한 실패와 반복의 과정 거쳐야 하나의 제품이 나옵니다. 실패는 결과가 아닌 과정이라 생각해요. 실패를 실패라고 생각하는 순간 주저앉게 됩니다."

실패는 성공으로 가는 과정이라 생각하고 가장 좋은 의자를 만든다는 목표만 보았기에 그는 포기하지 않고 계속 도전할 수 있었다.

2) 제대로 만들어라

그는 해외전시회를 다니기 시작하면서 의자시장에서 살아남으려면 R&D 밖에 없다고 생각하였다. 그렇기에 제품 홍보나 마케팅보다는 기술개발에 집중하였다. 2006년 기업부설연구소를 설립하여 디자인과 품질에 사활을 걸었다. 그가 만든 의자가 시장에서 인정받으려면 무엇보다 품질이 좋은 제품이어야 한다고 생각했기 때문이다. 일관적이고 힘 있는 기술개발 프로세스를 위해 기업부설연구소가 제품 디자인과 설계뿐만 아니라 제품 기획부터 출시까지 모든 과정에서 핵심적인 역할을 하도록 하였다. 제품개발 과정에 그는 적극적으로 참여한다. 어떤 의견이든 수렴하는 자세로 연구원들과 토의하는 열린 구조를 지향하고 있다. 자유롭게 의견이 오가는 과정에서 더 나은 제품이 나오고 그런 제품에서 회사의 경쟁력이 나온다고 믿고 있다.

3) 같은 방법이 아닌 새로운 시도를 하라

그는 기존 시장에 끼어들어 바로 경쟁하기보단 느리지만 철저하게 준비하여 시장에 뛰어들었다. 그는 "같은 방법보다는 새롭게 시도한 변화가 더 큰 경쟁력을 준다."고 믿었다. 똑같은 방법은 제자리일 수밖에 없다는 가치는 오늘날의 그를 있게 한 초석이다.

"우리가 만든 제품의 가치를 제대로 인정받고 싶었어요. 기존 시장에 끼어들어 경쟁하기보단 이길 수 있는 게임의 판을 구성하려 했어요.

그러기 위해 매번 새로운 방법을 사용했어요. '룰'을 새롭게 만든 것이 성공의 원인이었다고 생각합니다. 무엇보다 우리가 정한 가격으로 제대로 된 평가를 받기 위해 최선을 다했습니다. 미국시장에도 OEM이 아닌 ODM[11]방식으로 계약을 맺었습니다."

4) 자신만의 길을 가라

그는 의자가 가구의 일부분이 아니라 그 자체만으로도 하나의 훌륭한 브랜드가 될 수 있을 것이라 생각하였다. '세계 최고의 의자를 만들고 싶다'는 믿음이 지금까지 그 자신을 이끌어온 원동력이다. 그는 자신의 신념이 틀리지 않았음이 입증되고 있다고 생각한다. 그래서 더욱 책임감을 느끼며 고품질의 의자를 만들기 위해 노력하고 있다.

청년들에게 힘이 되는 한마디 해달라는 요청에 다음과 같이 조언한다.

"나는 의자를 만들면서 행복했습니다. 오늘을 사는 우리 청년들도 자기만의 색깔을 가지고 자기 인생의 '브랜드'를 만들어가는 삶을 살라고 당부하고 싶습니다. 사람은 모두 다릅니다. 그 누구도 아닌 자기

---

11) 제조업자 개발생산(Original Development Manufacturing)의 줄임말로, 설계·개발 능력을 갖춘 제조업체가 유통망을 확보한 판매 업체에 상품이나 재화를 공급하는 생산방식이다. 단순 하도급 형태인 주문자상표부착표시생산(OEM, Original Equipment Manufacturing) 방식과는 다르다.

걸음을 걸어야 하며, 누구나 몰려가는 줄에 설 필요는 없습니다. 자신만의 걸음으로 자기의 길을 가라고 말씀드리고 싶습니다. 그런 삶이 행복에 가까운 삶이라고 생각합니다."

새로 개척하는 것은 어쩌면 쉬운 일인지 모른다. 그러나 주어진 환경을 변화시키는 것은 굉장히 어려운 일이다. 대다수의 사람들은 위기일 때 변화를 찾기 때문이다. 항상 새롭게 자신만의 '판'을 만들어가는 ㈜파트라의 미래가 궁금하다.

19

디테일하게 생각하고 디테일하게 승부하다

나는 간절한 소망을 가슴에 품고 하루를 살고 있습니다. 특히, 장애물이 앞에 놓여 있거나 위기가 발생할 때, '나는 최선을 다하고 있는가?'라는 질문을 스스로에게 합니다. 자문을 던지고 나면 등줄기에 땀이 맺히고 양말이 축축해지는 느낌을 받습니다. '하늘은 스스로 돕는 자를 돕는다.'라는 말이 있듯이 내가 최선을 다해 살아왔기 때문에 큰 어려움이 있을 때마다 하늘이 길을 열어 준 것 같습니다.

렉스젠㈜ 대표이사 안순현은 1990년 대학을 졸업한 후 이동통신 장비를 개발하는 회사에 취업하였다. 1992년 그는 회사를 그만두고 자신의 '꿈'을 위해 변리사 공부를 시작하였다. 우유배달 등 아르바이트를 하며 3년 동안 열심히 공부했지만 운명은 그의 편이 아니었다. 그 후 보험회사 보험소장, 컴퓨터 대리점 운영, 홈페이지 구축사업 등 여러 가지 직업을 가지면서 자신의 진로를 모색하였다. 2002년 그는 '영상 관련 사업'이 빠르게 확산될 것이라는 생각을 하고, '차량번호 판독기'를 개발·생산하는 회사를 설립하였다. 이제는 하나의 목표에 집중하기로 한 것이다. 2008년 직접 기술개발을 시작하고, 이를 '상품화'

하면서 매출이 올라가기 시작하였다. 사업 도중에 많은 위기가 있었지만, 그는 이를 모두 극복하고 연평균 300억 원 이상 매출을 올리고 있다.

끊임없이 진로를 탐색하다

렉스젠(주) 안순현 대표의 고향은 전북 진안이다. 1990년 대학을 졸업하고 안양에 있는 이동통신 장비를 개발하는 회사에 취업하였다. 취업과 동시에 그는 첫사랑과 결혼하였다. 그의 아내는 초등학교 동창이다. 양가에서도 잘 알고 있는 사이였다. 보증금 300만 원에 월세 13만 원의 조그만 집에서 소박하게 신혼생활을 시작하였다. 가난했지만 행복한 시절이었다.

그는 생산관리 부서의 담당으로 업무를 시작하였다. 누가 시키지 않았는데 스스로 자재 입·출고, 생산관리 등 프로그램을 만들었다. 대학 때 소프트웨어에 관심이 많아 틈틈이 프로그램 개발에 관한 공부를 한 것이 도움이 됐다.

"회사에서는 나를 굉장히 독특한 친구라고 여겼어요. 그동안 누구도 이런 것을 만들어 사용하려는 시도가 없었는데, 신입직원이 들어와서 스스로 만들고 보급하고 사용하니깐 윗분들은 나를 좋게 생각하셨어요. 그런데 내가 인정받으니 일부에서는 나에 대한 시기와 질투도 있었습니다."

1992년 업무가 익숙해질 무렵, 변리사가 되는 '꿈'을 실행하기로 하고 퇴사를 결정하였다. 야심차게 직장을 그만두었지만, 이미 둘째가 태어나서 생활비에 대한 대책을 마련해야 하였다. 그의 아내는 가계에 보탬이 되기 위해 미용 학원에 등록하였다. 장기전이 될지 모르는 상황이었기 때문에 가슴이 아팠지만, 둘째를 처갓집에 보내고 공부를 시작하였다. 그는 생활비와 공부시간 확보가 동시에 가능한 '우유배달'을 시작하였다. 지인에게 오토바이 운전을 배워 일을 바로 시작하였다. 그런데 배달을 시작한 지 며칠이 되지 않은 어느 날 새벽에 취객과 부딪치는 사고가 발생하였다. 그는 취객에게 병원 진단은 물론 치료도 받게 해주었다.

"그 사람과 원만히 합의했어요. 그런데 약값을 추가로 요구해서 또 지불을 하였습니다. 그럼에도 여기저기 아프니까 다시 입원해야겠다며 계속 돈을 요구했어요. 한 2주 정도 요구했던 것 같아요. 내가 우유배달을 나가고 나면 집에 전화를 해서 아내가 무척 불안해 했어요. 그때 나를 믿고 있는 아내와 가정을 지키지 않으면 그 무엇도 안 되겠다고 생각했어요. 가정의 울타리를 지키는 것이 무척 절박했어요. 이런 문제는 정면 승부하지 않으면 치유할 수 없는 문제라고 생각했어요. 학원 끝나고 저녁에 그가 만나자고 한 곳에 가보니 나이트클럽이었어요.

내 자신의 각오를 보여 주기 위해 군에서 입던 해병대 위장복 바지를 입고 나갔는데, 그날 내가 확고해 보여서인지 그 이후 다시는 전화를 하지 않았습니다."

우유 배달은 생각만큼 쉬운 일이 아니었다. 새벽 4시에 배달 일을 시작하면 아침 7시에 일이 끝났다. 도서관에 가면 9시가 되었다. 변리사 학원의 강의가 있는 날은 그 다음 날까지 두 배의 배달 일을 해야 하였다. 밤 11시부터 배달을 시작해야 다음날 새벽 6시경에 일을 마칠 수 있었다.

그렇게 두 해를 보냈지만 시험결과는 좋지 않았다. 그래서 좀 더 많은 공부시간을 확보하기 위해 '과외'를 시작하였다. 시험이 끝난 후 2개월가량 인력소개소를 통해 공사장에 나가 '막일'도 하였다. 그렇게 3년을 열심히 공부했지만 운명은 그의 편이 아니었다.

가족들 중 어느 누구도 그에게 공부를 그만두라고 말하지 않았지만 그의 부모, 처가, 아내에게 너무 미안하였다. 더 이상 공부를 고집할 수 없었다.

"돌이켜보면 그 시절 공부한 경험이 '특허'에 대한 상당한 지식과 그 중요성에 대하여 인식하는 계기가 되었어요. 사업을 하면서 '기술개발'에 대한 욕구가 자극되었고, 더 많은 특허를 보유하게 된 '밑거름'이 되었습니다."

1996년 취업을 결정하고 입사한 곳이 D 보험회사였다. 사무직으로 알고 입사 지원을 하였는데 막상 발령 난 곳은 전북 익산 보험소장 자리였다. 1년여 동안 '보험업무'를 하다 적성에 맞지 않아 그만두고 '진돗개' 이미지로 유명했던 세진컴퓨터에 입사하였다. 펜티엄과 윈도우 시스템이 물밀듯이 확산되는 시점이었다.

"익산지점장으로 발령받았어요. 급여가 많은 대신 업무 강도는 꽝장히 셌어요. 새벽 1시에 퇴근하고 새벽 4시에 출근해서 업무 보고를 했어요. 특히 매출과 이익률에 대한 부담이 매우 컸어요."

1999년이 되자 수익성을 기준으로 지점 통폐합이 진행되었다. 부실 지점을 통합한 지점장으로 내정되었지만, 그는 폐업을 하는 점포를 인수해서 대리점 사장이 되기로 하였다. 부족한 인수자금은 처형에게 1억 원을 빌려 매장 계약을 하였다. 농구선수 우지원 팬 사인회를 하며 대대적으로 오픈행사를 하였다. 그러나 컴퓨터 매장의 급속한 증가로 매출은 줄어들고 있었다. 당시 세진컴퓨터는 판매한 제품의 '평생 무상 A/S 슬로건'으로 누적 판매량이 늘어날수록 A/S의 양이 기하급수적으로 증가하였다. 설상가상으로 본사의 경영상 문제로 제품을 공급받을 수 없는 상황에 이르러 사업을 접을 수밖에 없었다.

"그때 폐점할 수밖에 없었어요. 큰 틀에서 보면 유통과 가격구조가 불합리한 부분들이 많이 있었어요. 나는 호황기의 가장 끝에 사업을 시작했어요. 첫해 1천 대 이상을 판매했는데, 그 다음은 A/S가 문제였어요. 실제로 고객들의 재구매로 연결되지도 않았어요. 구조적인 문제를 사업에 들어가서야 알게 되었어요. 사려 깊게 고민을 못하고 사업을 시작한 것 같아 나중에 후회를 많이 했어요."

2001년 세진 컴퓨터가 폐업하면서 선납한 대금을 회수하지 못한 상태에서 그는 사업을 중단하였다. 좌절하고 있을 수 없었다. 뭐라도 해야 하였다. IMF가 끝나고 인터넷 보급이 확산되기 시작할 때였다. 홈페이지 구축에 대한 '수요'가 많이 있을 것이라고 판단하였다. 청년 실업 문제를 해결하기 위해 정부에서 무료로 운영하는 소프트웨어 교육 프로그램이 많았다. 그는 인터넷 홈페이지 구축과 웹 카메라 사업이 앞으로 활성화될 것이라는 생각이 들었다. 그는 서점에서 서버구축, ASP 등 관련 서적을 사서 한달 여 동안 공부를 하였다. 경기도 안양시에 소재한 W웹 카메라 제조사를 방문해 그곳의 대리점이 되려고 하였다. 그러나 이미 호남 총판이 있었으므로 '비공식 대리점'으로 불안정한 지위에서 홈페이지 구축과 카메라 판매 사업을 하게 되었다. 직원 몇 명을 채용하고 홈페이지를 구축하고 웹 카메라를 홈페이지에 연동하는 사업을 시작하였다.

"홈페이지를 구축하면 수요처에서 빈번하게 수정 요구를 했어요. 수정 사항이 많아지면 일이 그만큼 늘어나잖아요. 그런데 그에 대한 대가를 전혀 인정해주지 않는 거예요. 웹 카메라는 원격 감시 등 많은 장점이 있었지만 ADSL 통신망의 장애가 많던 시기여서 하루가 멀다 하고 장애가 발생하여 사업을 그만 둘 수밖에 없었어요."

6개월 만에 홈페이지 구축 사업을 직원들에게 물려주고 카메라 사업에만 전념하기로 하였다. 당시에 CCTV 녹화방식이 비디오테이프에서 디지털 저장방식으로 넘어가던 때였다. 컴퓨터를 조립하고 영상 캡처보드를 설치하여 하드디스크에 저장하는 방식으로 구성하는 일은 어렵지 않았다. 방향만 잘 잡으면 될 것 같았다. 컴퓨터 대리점을 운영할 당시에 지인과 자신이 나눴던 이야기가 떠올랐다.

"강물의 고기를 탐하기보다는 집에 돌아가 그물을 엮어라. 이런 얘기 아세요?"
"조금 일반적인 이야기 아닐까요."
많이 들어본 식상한 얘기 같았다.
"안 대표님은 열정도 있는데 한 분야의 '경계'를 넘어서는 노력을 해보시면 어떨까요."

그는 그 말을 듣고 뒤통수를 한 대 얻어맞은 듯한 충격을 받았다. 지금까지 정신없이 열심히 살아왔지만 이루어 놓은 것은 없었다. 그는 "10년을 해보면 장인이 된다는데 한번 해볼까?" 하는 생각을 하였다. 결국 그의 예측대로 영상 관련 사업이 빠르게 확산되었다.

하나의 목표를 정하고 집중하다

2002년 지금의 법인을 설립하고 전북대학교 창업보육센터에 입주를 하였다. 더 이상 어느 회사의 대리점이 아닌 자신만의 생각을 담아 문제를 해결하는 회사를 만들고 싶었기 때문이다. 당시 직원 2명을 채용하여 낮에는 CCTV 영업과 설치를 하였다. 저녁에는 제품 개발을 하였다. 2003년 중소기업 기술개발 사업에 '교차로 사고 판독장치'가 선정되었다. 처음으로 접하는 '머신 러닝[12]'에 관한 내용을 전북대 컴퓨터 공학부에 가서 스터디하고, 밤을 새며 발표 연습을 하였다. 그렇게 그는 생애 처음으로 정부에서 지원하는 중소기업 기술개발 사업에 선정되었다.

"낮에는 제품 영업과 설치를 하고 밤에는 연구를 했어요. 연구라고 하는 것이 내가 가진 아이디어를 구체화하는 일을 고민하는 것이었

---

12) 기계(Machine)가 사람처럼 학습(Learning)하는 것을 말한다. 머신러닝은 컴퓨터 스스로 데이터를 수집하고 분석해 미래를 예측하는 과정이다. 컴퓨터는 학습한 내용을 기반으로 방대한 양의 빅데이터를 분석해 앞으로의 행동이나 가능성 등을 판단한다.

어요. 그렇게 고민하다가 새벽에 잠이 들면 아침에 직원들이 깨워 주는 일상의 반복이었어요. 그렇게 열심히 노력하면서 무엇인가 희망의 싹이 움트는 것을 느꼈습니다."

그렇게 처음으로 특허를 등록하게 되었고 제품을 개발하였지만, 제품을 실용화할 수는 없었다. 왜냐하면 '교통신호 제어기'에 부가하는 제품은 경찰서에서 허락을 하지 않는 것이었다. 그렇게 그의 첫 번째 개발 제품은 사장되었다.

"교통신호 제어기 설치는 시에서 하는 반면, 그 운영과 작동 권한은 경찰서에 있어요. 경찰서에서는 제어기 쪽에 문제 생길 수 있다고 했어요. 다행히 과제 지원을 받아 실시한 사업이어서 큰 손실은 없었어요. 제품 개발까지 갔는데 적용을 하지 못한 거예요. 그때 법과 제도에 어긋나는 제품은 현실적으로 개발해서는 안 되겠구나 하는 생각을 하게 되었어요."

그러나 그는 좌절하지 않았다. 2004년 주행하는 차량을 촬영하고 자동으로 차량번호를 인식하는 기능을 가진 '차량번호 판독기'에 관심을 갖게 되었다. 당시 '농번기에 차량을 타고 타 지역에 원정하여 농산물을 절도하는 범죄'에 관한 뉴스가 연일 보도되는 시기였다. 차량번호 판독기는 아날로그 카메라와 투광등을 이용하여 차량의 후방을 촬영하고, 차량 번호판에서 네 자리 숫자를 인식하는 수준이었다. 지금으로 봐서는 원시적인 수준이지만 소위 '대박'을 쳤다. 그러나 공동 개발 회사의 문제로 기술 지원이 더 이상 불가능한 상황이 발생하면서 그는 많은 생각을 하게 되었다.

이제는 방향이 아니라 속도다

2006년 경쟁업체들이 따라올 수 없도록 더 높은 사다리를 선택하였다. 차량번호 일부를 인식하는 것이 아니라 전체를 인식하는 시스템을 개발하기로 한 것이다. 그는 '기술개발'이 가능한 회사를 백방으로 찾아다녔다. 마침내 제품 개발이 가능한 회사를 찾았고, 협업 업체를 통해 '차량번호 판독장치'와 방범용 카메라의 '솔루션 개발'을 시작으로 자신이 보유한 특허기술을 이용한 제품의 상용화에 성공하였다.

"이러한 제품 개발과정에서 제공된 아이디어를 공동 개발업체가 기술을 변형하여 공급하는 등 많은 시련과 상처가 있었어요. 그러나 그때마다 새로운 아이디어로 시장의 흐름을 주도하여 위기를 극복할 수 있었어요."

2008년 '차량번호 판독기'가 조달청 우수제품에 선정되면서 자신감을 얻었다. 무엇보다 자체적으로 기술개발을 해야겠다고 생각하였다. 지방에서는 R&D 인력을 채용하는 것이 한계가 있었다. 한편으로 수도권 진출을 위한 교두보 마련을 위해 경기도 성남시에 오피스텔을 얻어 입주하였다. 그리고 2010년에 안양시에 자리 잡게 되었다.

"아이디어를 주면 제품은 전문 업체가 만들지만, 그것을 도용 또는 모방해서 새로 시장을 잠식하거나 우리가 앞으로 나가는 데 발목을 잡았어요. 더 이상 간과하면 안 되겠다고 생각했어요. 그래서 직접 개발자를 뽑아 개발하기 시작했어요."

본격적으로 기술개발을 시작하고 '상품화'하면서 매출이 올라가기 시작하였다. 2004년 첫 매출이 4천만 원이었는데 창업한 지 12년 만에 400억 원을 돌파하였다.

그는 방향을 잡는 데 너무 오래 걸렸다고 생각한다. 이제 '속도'에 집중하고 있다. 남이 따라 하지 못할 수준의 제품을 만드는 것이 그의 꿈이다. 그러기 위해 일본에서 경영의 신으로 유명한 마쓰시타 고노스케[13]가 주창한 '댐에 물을 가둬놓고 쓰는 것처럼 회사에 자금을 비축해 놓고 필요할 때 쓰는 댐식경영'을 실천하고 하고 있다. 새로운 제품을

---

13) 일본에서 '경영의 신'으로 추앙받는 마쓰시타 고노스케(1894~1989)는 경영을 '돈벌이'가 아니라 사람들의 행복에 기여하는 가치 있는 종합예술로 여겼다. 작은 '마쓰시타 전기제작소'를 세계 굴지의 대기업 '파나소닉'으로 키워냈다.

개발하고 이를 통해 수익이 나오면 확보된 자금을 다시 개발에 필요한 자금에 투입하는 '선순환 구조'를 만들어 가고 있다. 이를 위해 직원들의 아이디어에 대하여 선행 기술과 특허 가능성을 검토하고 자신의 아이디어를 더해 양질의 특허가 될 수 있도록 돕는 '특허 전담요원'을 두고 있다. 이렇게 특허를 획득하고 사업화하는 과정이 반복되면서 회사가 안정적으로 성장하고 있다. 이러한 '댐식경영' 덕분에 몇 차례 위기를 극복했고 기술개발에 전념할 수 있었다.

간절한 소망을 가슴에 품어라

그는 "사장은 현실의 문제를 해결하면서도 시시각각 변하는 미래를 내다보는 냉철한 결정을 해야 한다."고 생각한다. 많은 중소기업 CEO들과 같이 그도 경영상 부딪치는 문제들에 대해 조언을 구할 '스승'을 찾기 어려웠다. 그때 교세라 그룹[14]의 창업주인 이나모리 가즈오[15]를 알게 되었다. 그는 "나는 그의 삶의 방식과 경영 철학을 배우기 위해 노력하고 있어요. 특히, '인간으로서 무엇이 옳은가'에 대한 경영 화두는 나에게 굉장히 큰 울림을 주었어요."라고 말한다. 그는 중요한 의사

---

14) 1959년 자본금 300만 엔, 직원 28명으로 설립한 세라믹 부품 회사로, 창업 이후 파인세라믹에서 반도체·통신·정보기기로 확장되었다. 계열사는 226개로 그룹의 총 직원 수는 6만 명이 넘는다.

15) 이나모리 회장은 1932년 태어나 1959년 27세 교토세라믹을 설립해 세계적인 기업으로 키웠다. 파나소닉 창업자 미쓰시타 고노스케, 혼다자동차 창업자 혼다 소이치로와 함께 일본의 3대 경영의 신으로 추앙받고 있다.

결정을 할 때면 이나모리의 책을 읽는다.

회사가 성장을 하면서 직원 수가 2명, 5명, 20명, 50명, 70명으로 계속 늘어났다. 그가 가장 후회하는 부분이 '조직의 시스템화'를 하지 못한 것이다. 그는 이러한 문제를 해결하면서도 CEO 마인드를 가진 직원들을 육성하기 위해 이나모리가 주창한 아메바 경영[16]을 접목하는 것을 검토하고 있다.

"직원들 중에서 우수한 직원을 선발하여 지역 회사의 사장으로 임명하고 이들이 성장할 수 있도록 적극 지원할 계획입니다. 이를 통해 회사가 더 큰 회사로 발전하는 비전을 가지고 있습니다."

그는 메모광으로 유명하다. 손등, 손목 안쪽, 냅킨, 영수증을 비롯해 태블릿에 이르기까지 아이디어가 떠오르면 닥치는 대로 메모한다고 한다. 그에게 '메모광'이 된 이유가 무엇인지 물었다.

"내가 지금의 메모광이 된 이유는 꿈을 이루기 위한 간절한 소망 때문입니다. 조금이라도 아이디어가 떠오르면 단어, 단문 등 가리지

---

16) 큰 조직이 독립 채산이 가능한 작은 조직으로 나눠지는 것이 끝없이 분열을 거듭하는 아메바를 닮았다고 해서 붙여진 이름이다.

않고 메모합니다. 이러한 메모에 대해서는 스케치를 하고 타이핑하면서 이를 조금 더 구체화합니다. 한번에 해결할 수 있으면 좋지만 한번에 해결되지 않는 과제는 근본적인 해결책이 떠오를 때까지 잠재의식에 넣어 두고 또 다른 아이디어를 꺼내어 고민합니다. 보통 1달에서 4~5개월이 소요되는데, 4년이 지난 지금까지 해결하지 못한 다양한 아이디어도 가지고 있습니다."

중요한 문제를 검토할 때 그는 경영의 문제를 잠시 내려놓고, '초집중 상태'를 만들어 몰입한다. 그가 애용하는 커피숍 중 한 곳에 자리를 잡고, 아메리카노를 마시면서 3~4시간 동안 집중해서 문제를 고민한다. 그는 이 시간이 가장 행복하다.

그에게 사업을 어떤 자세로 하고 있는지 질문하였다. 그는 다음과 같이 답변하였다.

"나는 간절한 소망을 가슴에 품고 하루를 살고 있습니다. 특히, 장애물이 앞에 놓여 있거나 위기가 발생할 때, '나는 최선을 다하고 있는가?'라는 질문을 스스로에게 합니다. 자문을 던지고 나면 등줄기에 땀이 맺히고 양말이 축축해지는 느낌을 받습니다. '하늘은 스스로 돕는 자를 돕는다.'는 말이 있듯이 내가 최선을 다해 살아왔기 때문에 큰 어려움이 있을 때마다 하늘이 길을 열어 준 것 같습니다."

그가 지금 CEO로서 이 길을 가고 있는 이유는 그가 간절한 소망을 가슴에 품고 최선을 다해 살고 있기 때문이 아닐까?

20

혁신, 성장, 미래를 꿈꾸다

실패할 것이라고 속단하고 어려워 보이는 일을 시도조차 하지 않는 것처럼 어리석은 일은 없습니다. 어려워 보이는 일을 성공해낸 후 느끼는 성취감과 설령 실패를 한다 해도 그 과정 속에서 얻은 깨달음은 삶을 살아가는 데 있어 큰 자양분이 됩니다. "실패란 성공의 반대가 아니라, 성공의 한 부분이다. 진정한 실패는 시도하지 않는 것이다."라는 명언처럼 청년들은 항상 실패를 두려워하지 말고 많은 시도를 통해 성공의 길로 나아가야 할 것입니다.

이노뎁㈜ 대표이사 이성진은 대학을 졸업한 후 평범하게 직장생활을 하였다. 국내에도 오픈플랫폼[17]이 발전할 것으로 판단하고 다니던 회사에 '관련 사업'을 제안하였으나 거절당한다. 2008년 그는 자본금 5천만 원으로 직원 4명과 이노뎁㈜을 창업하였다.

이노뎁(Innodep)은 'Innovation'과 'Development'의 합성어로,

---

17) 개발자는 누구든 필요한 사람이면 서비스에 접속해 자유로이 서비스를 이용할 수 있는 환경을 만들어 제공하고, 이용자들은 플랫폼에서 제공하는 서비스를 단순히 이용하는 것에 그치지 않고 그 플랫폼 속으로 들어와서 더 새로운 서비스들을 만들어 다시 플랫폼을 키우는 일종의 '개발 생태계'(ecosystem)이다.

"혁신과 기술개발로 다가오는 미래를 책임지겠다."는 의미를 담았다. 2009년 경기도 서남부지역 부녀자 연쇄살인사건 등을 계기로 그의 회사가 개발한 'CCTV 통합영상 솔루션'이 대박을 치며 사업 성장의 기회를 잡았다. 이노뎁㈜는 창업 9년 만에 매출 400억 원을 돌파하였으며, 2014년부터 해외수출을 시작하여 중국, UAE 등 8개 국가 누적 수출액이 약 4백만 달러에 달한다.

비전에 모든 것을 걸고 시작하다

2017년 9월경 나는 우연한 기회에 여의도 63컨벤션 센터에서 개최된 '이노뎁 솔루션 컨퍼런스'에 참석하였다. 'Mobiloud 5.0: 공공, 클라우드, 스마트를 향한 새로운 내일의 시작'이라는 주제였는데, 흥미로웠던 것은 중소기업이 개최하고 MS, Quantum, Dell, nVIDIA를 비롯한 글로벌 기업과 한화테크윈, 코오롱 등 국내 유수의 기업이 파트너 사로 참여하고 있다는 사실이었다. 규모도 놀라웠지만 내용 구성과 시간 활용에서도 매우 알차게 진행되어 매우 인상적이었다. "이노뎁이 가진 기술력을 기반으로 한 '자신감'을 토대로 국내 영상보안 산업계(Video Security System)와 빠르게 변화하는 선도 기술을 '공유'하기 위해 이노뎁 컨퍼런스를 개최한다."는 사장의 얘기는 나에게 '작은 감동'으로 다가왔다. 중소기업이 큰 규모의 행사를 기획하여 글로벌 기업의 참여를 이끌어 내기 위해서는 '실력'도 있어야 하지만 그에 못지않게 사장의 '배짱'이 두둑해야 가능한 일이라는 생각이 들었다.

이성진 대표는 대학에서 전자통신을 전공하였다. 1995년 통신기자재를 케이블방송사에 납품하는 업체에서 사회생활을 시작하였다. 하지만 몇 년 되지 않아 IMF 외환위기가 닥쳤다. 그는 은행에 특수 단말시스템을 공급하는 H컴퓨터로 일터를 옮겼다. 이곳에서 그는 CCTV와 첫 인연을 맺게 되었다. 그 후 이직한 회사에서 일하던 중 '오픈플랫폼'의 가능성을 발견하고 이를 회사에 제안하였으나 받아들여지지 않았다. 그는 "시간이 갈수록 '사업 비전'에 확신이 생김에 따라 모든 것을 걸고 한번 도전해보기로 결심하였다."고 한다. 그리고 2008년 그의 아내를 포함한 창립멤버 4명과 이노뎁을 창업하였다. 그는 우여곡절 끝에 CCTV 제조사들의 각기 다른 영상 환경을 '하나의 표준화된 영상 환경'으로 전환하는 솔루션을 개발하였다. 2009년 세상을 떠들썩하게 했던 경기도 서·남부지역 사건 등을 계기로 각 지자체들이 앞 다투어 통합 영상관제시스템(Video Management System) 구축에 나서면서 이노뎁은 크게 도약하였다. '영상 관제'를 뛰어넘어 첨단 기술을 접목한 '솔루션 기업'으로 창업 9년 만에 변모하며 매출액이 400억 원을 돌파하였다. 그는 성장의 비결로 과감한 투자를 들었다. 사업 초기부터 영업이익의 50%를 R&D에 투자하고, 기술개발을 위한 인력도 적극적으로 채용하였다. 국내시장을 뛰어넘어 글로벌 기업이 되기 위해 오늘도 열심히 뛰고 있는 이성진 대표의 인터뷰 전문을 싣는다.

꿈꾸는 자가 세상을 이끌어간다

그의 대학 졸업 후 직장생활은 평범해 보였다. 그의 청년시절은 어떠했는지 그에게 물었다.

"현재 많은 청년들의 고민거리인 '진로'에 대해 끊임없는 고민을 하던 시절이 있었습니다. 나의 학창 시절에는 요즘과 다르게 인터넷 등 정보통신 수단이 발달되어 있지 않아 대학 및 전공 등 진로에 대한 정보를 쉽게 얻지 못했습니다. 막연하게 엔지니어에 대한 동경을 가지고 전자통신을 전공하게 되었습니다. 대학 졸업 후 회사를 다니며 '내가 진정으로 하고 싶은 일이 무엇인가'에 대한 깊은 고민을 하게 되었습니다. 제가 35살이 되었을 때 드디어 그 길을 찾았습니다. 오랫동안 품었던 '꿈'을 펼치기 위해 이노뎁을 설립했습니다. 만약 나의 진로, 내가 하고 싶은 일에 대한 고민의 정답을 찾지 못한 채 방황하기만 하였다면 오늘의 이노뎁과 나 자신은 없었을 것이라 확신합니다. 어떠한 일이든 거창한 계획보다는 작은 것부터 실천해 가며 주어진 상황을 극복해 나가는 것만이 어려운 상황을 헤쳐 나가는 최고의 방법이라 생각합니다."

그에게 창업하게 된 계기와 그 과정에서 그가 직면한 어려움에 대해 질문하였다.

"창업을 결심할 무렵 국내 CCTV 관제 환경은 CCTV를 제조한 기업마다 영상을 화면으로 볼 수 있는 솔루션이 저마다 달랐습니다. 이는 기존 국내외 CCTV 제조사들이 표준화된 영상 관제 솔루션을 제공하지 않았기 때문입니다. 따라서 국내 지자체들은 중앙관제센터의 큰 모니터에 A사 CCTV 영상과 B사 CCTV 영상을 한꺼번에 모니터링하는 것이 불가능했습니다. 아날로그에서 디지털로 넘어가는 시대에 이러한 고민을 해결해주는 '통합솔루션'의 요구가 반드시 대두될 것이라는 확신에서 창업하게 되었습니다."

2009년부터 벌어진 연쇄살인사건 등 강력범죄에 대응하기 위한 지방자치단체 통합관제센터 구축사업이 시작되면서 그의 예측이 적중하기 시작하였다. 이노뎁이 서울의 한 지자체 시범사업자로 선정되었지만, 문제는 CCTV 제조사들의 협조를 받아내는 것이었다. 어떠한 CCTV 기업도 이노뎁의 기술을 환영하지 않았기 때문이다. 그는 직면한 '위기'를 어떻게 해결했는지 답변을 계속하였다.

"통합 솔루션의 필요성을 적극적으로 설명하며 협조를 요청했지만 모든 제조사들이 이를 거절했습니다. 나중에 이유를 알아보니 통합솔루션이 나오게 되면 자신들이 생산하는 제품의 판매량이 떨어질 것으로 우려했기 때문이었습니다. 우리는 이 문제를 해결하기 위해 대표적 기업들의 CCTV를 구입해 사무실에 걸어 놓은 후 영상을 분석한

데이터를 가지고 통합 솔루션을 만들기 시작했습니다. 이미 만들어져 있는 솔루션을 역추적해서 풀어낸다는 것은 솔루션을 새로 개발하는 것보다 몇 배의 시간을 필요로 하는 작업이었습니다. 이와 같은 어려움을 극복하며 개발한 '통합 솔루션'은 현재 대다수 통합관제센터에서 사용되고 있습니다."

평소 읽고 있는 책이 있는지 그에게 질문하였다.

"최근 사업이 확장되며 다양한 분들을 만나면서 깊이 생각해야 할 사안들이 늘어나고 있습니다. 고민을 거듭하다 머리를 식힐 때 몇 년 전부터 읽어 온 법륜 스님의 '행복'이라는 책을 열어 보고 있습니다. 이 책을 통해 갈등을 해결하는 통찰력을 얻기도 하고, 회사 경영에 필요한 답을 찾기도 합니다. 이 밖에 평소에는 보안관련 전문서적과 리포트를 꾸준히 읽으며 업계의 트렌드를 체크합니다."

이어 사업을 하면서 그가 가장 중요하게 생각하는 '가치'가 무엇인지 물었다.

"지금까지 발전해 오며 만들어 낸 성과들은 전체 임직원과 비즈니스를 같이 하고 있는 국내·외 파트너들 덕분이라고 생각합니다. 이기적인 비즈니스는 지금까지도 없었고 앞으로도 없을 것입니다. 제가 추구하는 사업 모델은 지속적인 파트너 체계 구축을 바탕으로 새로운 비즈니스를 함께 만들어 가는 것입니다."

상상을 현실로 만든 비전

회사를 운영하면서 그가 '실패'라고 느낀 상황이 있었는지, 그것을 어떻게 극복했는지 물었다.

"실패라고 하기보다 하나의 에피소드를 말하자면, 2014년부터 이노뎁의 매출과 시장점유율이 폭발적으로 성장함에 따라 경쟁사부터 대기업까지 이노뎁의 핵심 인력들을 데려가기 위한 공격적인 시도가 있었습니다. 실제 몇몇 직원들이 회사를 떠나기도 했습니다. 나는 이러한 문제를 극복하기 위해 신규 인력 채용 및 기존 인력에 대한 투자와 지원을 아끼지 않았습니다. 일·학습병행제 및 학습 분임조 운영 등과 같은 다양한 활동을 병행하며 직원 간의 연대의식 강화와 조직에 대한 신뢰를 키워 나갔습니다. 이후 연봉 및 기타 복지 증진 등을 강화해 고급 인력들을 추가 채용할 수 있었습니다. 이들을 중심으로 기존 영상 보안 영역에서 쉽게 시도하지 못했던 클라우드 기반의 데이터관리 솔루션을 개발하여 지금의 이노뎁으로 성장할 수 있었습니다."

기존 인력의 꾸준한 교육과 핵심인재의 영입으로 연구개발을 계속하였다. 이에 대한 효과가 나타나면서 매년 매출액이 눈에 띄게 상승

하고 있다.

그에게 청년들을 위한 조언을 부탁하였다. 그는 다음과 같이 대답하였다.

"실패할 것이라고 속단하고 어려워 보이는 일을 시도조차 하지 않는 것처럼 어리석은 일은 없습니다. 어려워 보이는 일을 성공해낸 후 느끼는 성취감과 설령 실패를 한다 해도 그 과정 속에서 얻은 깨달음은 삶을 살아가는 데 있어 큰 자양분이 됩니다. '실패란 성공의 반대가 아니라, 성공의 한 부분이다. 진정한 실패는 시도하지 않는 것이다'라는 명언처럼 청년들은 항상 실패를 두려워하지 말고 많은 시도를 통해 성공의 길로 나아가야 할 것입니다."

이노뎁의 '성공요인'은 무엇인지 그에게 물었다.

"아직 갈 길이 많이 남아 있습니다. 그래서 성공여부를 말하기에는 너무 이르다고 생각합니다. 우리가 꿈꾸는 미래를 만들어 가기 위해 가장 중요한 것은 '투자'라고 생각합니다. 사람과 기술에 대한 투자입니다. 창업이후 매년 영업이익의 50%를 투자하고 있습니다. 기업이 성공하기 위해서는 단기적인 성과도 중요하지만 무엇보다 장기적인 전략이 중요합니다. 특히 4차 산업시대를 맞이하여 빠르게 변하는 시장 환경에 대비해 혁신적이고 새롭게 도전하는 자세를 갖추는 게 매우 중요하다고 생각합니다. 오늘의 기업 경쟁력이 내일을 보장해주지 않는다는 것을 충분히 느끼고 있습니다. 그래서 주력제품의 품질을 강화하는 동시에 적극적인 R&D 투자 및 해외시장 개척 등을 통해 '혁신'을 게을리하지 않고 있습니다."

그는 계속 말을 이어나갔다.

"혁신의 결과는 끊임없는 도전과 노력을 통해서만 결실을 맺는 '열매'라고 생각합니다. '실패'를 두려워하지 않고 '도전'하는 자세를 잃지 않으면 노력의 결과는 반드시 돌아온다고 생각합니다. 지금 우리가 맞이하고 있는 결과는 나 혼자만의 성공이 아닌 함께하는 구성원들과 함께 이룬 성공이기에 더욱 소중히 여기고 있습니다. 나는 그에 대한 감사함을 잃지 않고 항상 겸손하고자 노력하고 있습니다."

이노뎁의 파트너 사들이 대규모 참석하는 '이노뎁 솔루션 컨퍼런스'에 대한 설명과 개최하게 된 배경 등에 대하여 질문하였다. 그는 다음과 같이 답변하였다.

"매년 9월 적지 않은 비용을 들여 이노뎁 솔루션 컨퍼런스를 개최하고 있습니다. 개최비용은 총 3억 원 정도 소요되는데, 우리 회사가

2/3 정도 부담하고, 나머지 1/3은 마이크로소프트, 인텔, 퀄컴 등 글로벌 기업을 비롯해 SK, 한화 등의 대기업이 비용을 부담하고 있습니다. 2018년 제5회 이노뎁 솔루션 컨퍼런스에는 약 1,200여 명이 참석해 지능형 데이터관리솔루션, 디지털 시큐리티 및 스마트시티를 논의하는 자리가 되었습니다. 나는 다양한 파트너들과 함께 보안 산업의 미래를 제시하고, 새로운 비즈니스 기회를 도모하는 장으로 이노뎁 솔루션 컨퍼런스를 개최하고 있습니다. 이를 통해 국내 보안시장의 활성화는 물론 대한민국 보안 산업 발전을 선도하는 비전을 가지고 있습니다."

마지막으로 '창업공신'인 그의 아내와 그리고 그가 꿈꾸고 있는 이노뎁의 미래에 대해 질문을 하였다.

"이노뎁 창업공신 4명 중 한 명인 제 아내와의 만남은 H컴퓨터 근무 시절입니다. 나는 벤처팀에서 기술 영업을 담당했고, 그녀는 관리팀에서 근무를 했습니다. 연애결혼 끝에 가정을 이뤘고, 이노뎁을 창업할 당시 아내는 둘째를 임신한 상태로 재무 쪽 전표 처리를 담당하였습니다. 사실 아내의 적극적인 지원이 없었다면 이노뎁을 시작하지 못했을 것입니다. 적극적으로 회사 일을 돌봐 주었던 아내는 3년 전에 회사를 그만두었습니다. 아내가 회사에 계속 남아 있으면 회사 투명성이 저해된다고 오해받을 수 있어 내린 결정입니다. 사실 회사를 그만둔 후 아내가 우울증이 왔습니다. 나와 함께 피땀 흘려 가꾼 회사를 퇴직하는 것이 쉽지 않은 결정이었습니다. 그래서 고마운 아내에게 더욱 잘하려고 노력하고 있습니다."

이어 그는 그의 꿈에 대해 말하였다.

"나는 사실 하고 싶은 일이 굉장히 많습니다. 그렇기에 당장 눈앞의 이익이 아닌 10년 후를 내다보는 사업을 하고 있습니다. 그래서 2008년 창업 이후 매년 영업이익의 50%를 R&D에 투자하고 있습니다. R&D 인력 중 약 30%는 현재의 수익을 위해서가 아니라 더 나은 미래를 위해 일하고 있습니다. 그것만으로 부족해 더 많은 투자를 확대하고 사업을 키우기 위해 기업공개도 계획하고 있습니다. 기업공개를 통해 조달하는 자금도 R&D에 투자할 계획입니다. 10년 후에는 우리가 하는 사업모델이 다 변해 있지 않을까 가늠해 봅니다. 앞으로의 10년은 지능형 관제 서비스(Intelligence Surveillance Service)는 물론 AI, IoT, 클라우드를 바탕으로 차세대 디지털 보안(Digital Security)을 선도할 것입니다. 이것뿐만 아니라 스마트시티 산업에도 도전하고 있습니다. 새로운 부가가치 창출을 위해 더 많이 고민하고 연구하며 앞으로의 10년도 변함없이 성장해 갈 것을 다짐하고 있습니다."

창업한 지 10여 년밖에 안 되었는데, CEO의 야심이 매우 크다는

현재의 위치에서 자신이 상상 가능한 가장 큰 꿈을 꾸어야 한다. 제프 베조스, 스티브 잡스, 엘런 머스크 등 위대한 성공을 거둔 사람들은 우리의 상상을 넘어서는 일들을 꿈꿨고, 그들이 상상한 일들이 우리의 눈앞에 펼쳐지고 있다.

생각이 들었다.

왜냐하면 2017년 재무 담당 과장으로 일하던 그의 아내가 계속 일을 하고 싶어 했으나 그의 큰 꿈을 위해 회사를 사직했기 때문이다. 그녀가 회사에 있으면 더 큰 회사로 발전하는 데 장애가 될 수 있다는 판단 때문이다. 많은 중소기업들을 보았지만 이런 결정을 하는 것은 절대 쉬운 일이 아니다.

그리고 영업이익을 회사에 유보하여 '안정성'을 기하기보다 '더 큰 꿈'을 실현하기 위해 '미래'에 과감하게 투자하고 있기 때문이다. 그의 꿈처럼 이노뎁이 더 크게 성장하여 우리나라 IT 발전에도 큰 기여를 했으면 하는 바람이다.

계획 없는 목표는 한낱
꿈에 불과하다

"우리 중 95%의 사람은
자신의 인생 목표를 글로 기록한 적이 없다.
그러나 글로 기록한 적이 있는 5%의 사람들 중
95%가 자신의 목표를 성취한다."

- 존 맥스웰 -

계획 없는 목표는 한낱 꿈에 불과하다

목표를 왜 가져야 할까?

미국 메이저리그 LA에인절스 오타니 쇼헤이는 전 세계 팬들을 사로잡고 있는 판타지 스타이다. 그는 160㎞ 강속구를 던지는 투수인 동시에 홈런타자이다. 그는 고등학교 1학년 때 18세부터 42세까지 '인생 계획표'를 세웠다. 그가 수립한 계획표대로 꿈이 현실이 되고 있어 많은 사람들을 놀라게 하고 있다. 그는 그의 꿈을 이루기 위해 만다라트[18] 스타일의 '목표 달성 표'를 만들었다.

이 달성표의 한가운데에는 '8개 구단 드래프트 1순위'이라고 적고 그 주위에 몸 만들기, 제구, 구위, 멘탈, 160㎞, 변화구, 운, 인간성 등의 8가지 목표를 두었다. 그리고 각자의 목표에는 세부 목표 8가지가 뒤따른다. 그가 이렇게 인생 목표를 차근차근 실현할 수 있는 것은 구체적인 계획과 실천 덕분이다.

---

18) 일본 디자이너 이마이즈미 히로아키가 1987년 불화 '만다라'의 모양에서 영감을 얻어 처음 고안하였다. 하나의 목표를 달성하기 위해 세부 실천 계획 64개가 뒤따른다.

〈오타니 쇼헤이가 고교 1학년 때 세운 목표 달성 표〉

몸관리	영양제 먹기	FSQ 90kg	인스텝 개선	몸통강화	축 흔들지 않기	각도를 만든다	위에서부터 공을 던진다	손목 강화
유연성	몸 만들기	RSQ 130kg	릴리즈 포인트 안정	제구	불안정 없애기	힘 모으기	구위	하반신 주도
스테미너	가동역	식사 저녁7술갈 아침3술갈	하체 강화	몸을 열지 않기	멘탈을 컨트롤	볼을 앞에서 릴리즈	회전수 증가	가동력
뚜렷한 목표·목적	일희일비 하지 않기	머리는 차갑게 심장은 뜨겁게	몸 만들기	제구	구위	축을 돌리기	하체 강화	체중 증가
핀치에 강하게	멘탈	분위기에 휩쓸리지 않기	멘탈	8구단 드래프트 1순위	스피드 160km/h	몸통 강화	스피드 160km/h	어깨주변 강화
마음의 파도를 안만들기	승리에 대한 집념	동료를 배려하는 마음	인간성	운	변화구	가동력	라이너 캐치볼	피칭 늘리기
감성	사랑받는 사람	계획성	인사하기	쓰레기 줍기	부실 청소	카운트볼 늘리기	포크볼 완성	슬라이더 구위
배려	인간성	감사	물건을 소중히 쓰자	운	심판을 대하는 태도	늦게 낙차가 있는 커브	변화구	좌타자 결정구
예의	신뢰받는 사람	지속력	긍정적 사고	응원받는 사람	책읽기	직구와 같은 폼으로 던지기	스트라이크 볼을 던질 때 제구	거리를 상상하기

* ㈜ FSQ RSQ는 근육 트레이닝 머신(출처: 스포츠 닛폰)

이와 같이 구체적 목표를 가지고 실천하여 성공한 사람들의 사례는 이미 많은 연구에서 검증되었다. 1979년 하버드 경영대학원 졸업생을 대상으로 '목표에 대한 생애추적 연구'가 있었다. 이 연구에서 졸업생 중 자신의 비전을 종이에 적은 3%가 그러지 않은 97%에 비해 10년 후 평균 10배의 연봉을 더 받았다고 한다.

목표를 분명하게 가지고 기록하는 것은 강력한 힘으로 작동한다. 그러나 많은 중소기업들은 사업 계획을 형식적으로 수립하는 경향이 있다. 이들은 하나같이 PDCA$^{Plan-Do-Check-Action}$를 제대로 실천하지 못한다. 오로지 D^{Do}만 수행하고 있다. 전혀 피드백이 이루어지고 있지 않는다. 그렇게 해서는 발전을 기대하기 어렵다. 마치 목적지가 없는 여행을 하고 있는 것이라 할 수 있다.

비전 없는 기업은 크게 성장할 수 없다. 그에 따른 성과를 기대하기 어렵기 때문이다. 꿈이 없이 살아가는 사람도 마찬가지이다. 목표가 없는데 열정이 있을 수 없다.

기업이나 사람이나 미래지향적으로 발전하기 위해서는 분명한 목표와 비전이 있어야 한다. 지속적으로 성장하는 기업들은 대부분 전사적으로 비전을 설정하고, 구성원들이 자발적인 공감대를 형성하고, 이를 일관성 있게 실천한 기업들이다.

비전이 있는 기업은 그렇지 못한 기업에 비해 현격한 실적의 차이를 보였다. 개인도 분명한 비전과 목표를 가지고 사는 사람이 그렇지 못한 사람보다 성공할 확률이 10배 이상 높았다. 성공적인 삶을 살기 위해서는 목표를 분명하게 가지는 것이 매우 중요하다.

목표를 달성하는 습관이 중요하다

국내 최대 부동산 개발회사인 MDM 그룹 회장 문주현은 전남 장흥 출신이다. 그는 중학교 졸업 후 공장에서 일하였다. "이러다 평생 공장을 못 벗어나겠다."는 생각에 검정고시를 보고 27살에 대학에 진학하였다. 대학을 졸업하고 31살에 나산그룹에 입사하였다. 늦깎이 초년생으로 회사에 입사한 그는 하나가 주어지면 셋을 해내는 목표 달성 능력이 탁월한 직원이었다. 업무 추진력이 매우 강해 '독일병정'으로 불렸다. 이는 주위의 '시샘·시기'뿐만 아니라 실행의 '난관'에도 아랑곳하지 않고 추진하는 그의 스타일을 잘 나타내는 '별명'으로 보인다. 조직에서 높은 평가를 받아 일곱 번의 특진을 거듭하며 38세에 임원을 달았다.

잘나가던 그에게도 1997년 IMF의 파고가 덮쳤다. 졸지에 그도 실직자가 된 것이다. 몇몇 대기업에서 스카우트 제의가 있었지만 그는 고민 끝에 MDM을 창업하였다. MDM은 자신의 성(姓)을 건 이름(Moon Development & Marketing)이다. 사업 초기 어려움이 있었지만 MDM 그룹은 분양대행부터 개발·신탁·자산 운용까지 끊임없이 변신하였다. 자본금 5,000만 원으로 시작한 MDM은 2018년 기준 연매출 1조 6,000억 원에 직원 375명, 계열사 8곳을 거느린 그룹사로 성장하였다.

문주현 회장과 같이 직장에서 목표달성 능력이 탁월한 사람들의 특징은 모두 하나같이 조직에 대한 충성도가 뛰어나다는 것이다. 그들은 자신이 몸담고 있는 조직의 비전에 대해 적극적으로 고민하며, 자신이 스스로 회사의 오너처럼 적극적으로 일하였다. CEO처럼 일했기 때문에 변화의 시기에도 좌절하지 않았다. 오히려 위기를 기회로 삼고 도약하였다. 그들은 실제로 CEO가 되었다. 이 책에 소개된 ㈜대우루컴즈 윤춘기 대표, ㈜소룩스 김복덕 대표, 이노뎀㈜ 이성진 대표 등이 그들이다. 그런 '유능한 직원'을 보유한 기업은 그 직원이 역량을 펼 수 있도록 적극적으로 '기회'를 제공하고 대우해야 한다. 그래야만 회사가 성장한다.

　기업이 원하는 최고의 인재는 '목표 달성 능력'을 가진 사람이다. 쉽게 중도에 포기하거나 소극적인 사람은 어느 조직에서도 환영받지 못한다. 어떻게 하면 목표를 달성하는 습관을 가진 인재가 될 수 있을까?

　목표 달성 능력이 탁월한 인재가 되기 위해서는 작은 목표들에 대한 성공경험을 많이 가져야 한다. 그런 경험이 쌓이다 보면 단련되고 훈련되어 상위의 목표도 어렵지 않게 달성하는 힘을 가지게 된다. 목표를 달성하기 위해서는 목표는 구체적인 목표가 좋다. 추상적인 목표는 달성할 수 없을 뿐만 아니라 도달 방법을 계획할 수 없기 때문이다. 또한 목표를 장기목표와 단기목표로 분리해서 수립하는 것이 필요하다. 설정된 목표도 PDCA 과정을 거치며 세심하게 다듬어 가야 한다. 그래야 목표가 자신에게 더 가까이 다가온다. 목표의 크기는 다른 사람이 아닌 자신이 스스로 만들어 가고 키워 가야 한다.

> 목표가 있으면 열정이 생긴다. 이를 이루기 위해 힘들어도 참고 견디다 보면 어느새 성공이 가까이 와 있을 것이다.

목표달성의 우선순위를 정하는 것이 무엇보다 필요하다. 이것이 혼선, 누락 등이 발생하지 않기 위해 종이에 기록하는 것이 바람직하다. 쓰여진 목표를 눈에 보이는 곳에 두고 매일 들여다보고 마음속으로 외치면 금상첨화다.

'작심삼일'이라는 말이 있다. 이 말은 부정적인 의미로 보통 쓰인다. 그러나 그렇게 받아들일 일만은 아니다. 한 번 결심한 일이 삼일을 못 넘기니 삼일에 한 번 결심하면 될 일이다. 하루를 못 넘기면 하루마다 결심해야 한다. 목표를 자주 변경하면 이를 달성할 수 없고, 괜한 에너지만 소모된다. 목표에서 시선을 절대 떼지 말아야 한다.

작은 성공 경험을 많이 만들자. 스스로 잘한 것은 칭찬하고 보상도

하자. 개인이든 기업이든 목표를 달성하는 습관을 만들기 위해 반드시 보상이 필요하다. 이를 통해 성취욕구가 더욱 고무될 것이다.

시작이 반이다. 시작만 하면 이미 반은 달성한 것이다. 언제까지 시작을 미루기만 할 것인가. 지금 당장 시작하라! 하고자 하는 자는 방법을 찾을 것이고, 게으른 자는 핑계를 찾을 것이다. 목표 없이 열정이 있을 수 없고 열정 없이 목표에 도달할 수 없다.

변화만이 살길이다

"상상력은 창조의 시발점이다.
당신은 원하는 것을 상상하고 상상하는 것을
행동에 옮길 것이며,
마지막에는 행동에 옮길 것을 창조하게 된다."

- 조지 버나드 쇼 -

에필로그 II

변화만이 살길이다

변화해야 기회를 가질 수 있다

괄목상대(刮目相對)는 "눈을 비비고 상대방을 다시 바라본다."는 뜻이다. 중국 오나라의 여몽이라는 장수와 관련된 고사 성어다. 여몽은 가난한 환경에 자라나서 공부를 제대로 하지 못해 매우 무식하였다. 그러나 그는 큰 뜻을 품고 무술을 연마하여 손권의 부하로 있었다. 어느 날 손권이 여몽에게 "그대의 무술은 뛰어나지만 학식이 부족하니 학문을 익힌다면 나라에 큰 도움이 될 것이오."라고 말하였다. 여몽은 손권의 충고를 받아들여 전쟁 중에도 공부를 열심히 하였다. 그러던 어느 날 노숙[19]은 여몽이 인품과 학식이 달라진 것을 보고 깜짝 놀라면서 그의 등을 두드리며 칭찬하였다. 이런 노숙에게 여몽은 "선비와 헤어지고 3일이 지나면 곧 마땅히 눈을 비비고 다시 바라봐야 한다."라고 말하였다. 여몽은 노숙이 죽은 후 손권을 보좌하여 국력을 키우는 데 힘썼다.

---

19) 노숙은 주유에 이어 오나라의 대도독이었다. 자신의 후임으로 여몽을 추천하였다.

어느 CEO의 얘기이다. 그가 대학 졸업 후 회사생활을 시작하고 한때 친하게 지냈던 '동기' 얘기를 들은 적이 있다. 모든 것이 낯설고 서툰 시절이었다. 자신과는 동향 출신에 나이도 같아서 유독 친하게 지낸 친구가 한 명 있었다. 가끔 퇴근 후 포장마차에서 술 한잔하면서 서로를 위로하기도 하였다. 같은 회사에서 10년을 몸담고 있다가 회사가 어려워지면서 두 사람 모두 퇴직하게 되었다. 그는 창업을 선택했고, 그 친구는 다른 회사를 찾아 직장생활을 계속하였다. 매년 한 두 번은 만나 회포를 풀었다. 초창기는 어려웠지만 어느 순간 그의 사업이 성공가도를 달리기 시작하였다. 그러던 어느 날 친구에게 "요즘 이런 사업이 괜찮겠는데, 한번 해볼래?" 그는 친구를 위해 편하게 얘기를 하였다. 그러자 그 친구는 발끈하였다. "너, 돈 좀 벌었다고, 보이는 것이 없냐? 세상 그렇게 사는 것 아니다." 그는 무척 당황하였다. 그 후로도 그들은 여전히 만나고 있다. 단지, 만나면 그들의 미래에 대해서는 더 이상 이야기 할 수 없게 되었다. 노숙처럼 다른 사람의 변화에 대해 칭찬할 수 있는 사람은 자신이 변화하고 발전하는 사람만의 '특권'이다. 변화하지 않으면 스스로 '자격지심'의 덫에 빠질 수 있다.

'종의 기원'에서 찰스 다윈은 "이 지구상에 살아남은 종족은 가장 강한 종족도 아니고 가장 지적인 종족도 아니다. 가장 환경 변화에 잘 적응하는 종족이다." 라고 하였다. 변해야 기회를 가질 수 있다.

믿는 대로 이루어진다, 자기실현적 예언

일체유심조(一體唯心造)는 모든 것이 마음먹기에 달렸다는 말이다. 정신일도 하사불성(精神一途 何事不成)은 "정신을 집중하여 노력하면 어떤 어려운 일이라도 성취할 수 있다."라는 말이다.

동양과 같이 서양에서도 인간의 신념과 관련한 이야기들이 많다. '피그말리온 효과'는 "어떠한 것을 간절히 소망하면 불가능한 일도 실현된다."는 의미이다. 이는 그리스 신화에서 유래하였다. '플라시보 효과(Placebo Effect)' 또는 '위약 효과'는 환자의 믿음만으로 병이 치료되는 현상을 말한다. 플라시보 효과는 프랑스의 약사이자 심리치료사 에밀 쿠에가 처음 발견하였다. 그는 이를 발전시켜 '자기 암시 요법'을 창안하였다. 그는 자기 암시 요법으로 많은 사람들의 몸과 마음의 병을 치료하였다. 수많은 사람들이 이를 통해 자신들이 간절히 원하는 것들을 실제로 이루는 기적을 체험하였다고 알려지고 있다.

이러한 '자기 암시 요법'을 체계적으로 정리한 사람이 나폴레온 힐이다. 그는 개인의 성취와 동기부여 분야에서 위대한 업적을 남겼다.

에밀 쿠에는 하루 20번에 걸쳐 다음과 같이 외쳤다고 한다.
"나는 날마다 모든 면에서 점점 더 좋아지고 있다."

그는 "자기 암시 습관의 강력한 힘을 실생활에 적용하면 누구나 성공적이고 행복한 사람이 될 수 있다."라고 확언하였다. 이러한 자기 암시 습관을 가장 잘 실천하고 있는 국내 기업인으로 윤석금 웅진그룹 회장을 들 수 있다. 다음은 그가 아침마다 암송하는 '나의 신조'이다.

웅진그룹 윤석금 회장의 '나의 신조'

1. 나는 나의 능력을 믿으며 어떠한 어려움이나 고난도 이겨낼 수 있고, 항상 자랑스러운 나를 만들 것이며 항상 배우는 사람으로서 더 큰 사람이 될 것이다.

2. 나는 늘 시작하는 사람으로서 새롭게 일할 것이며, 어떤 일도 포기하지 않고 끝까지 성공시킬 것이다.

3. 나는 항상 의욕이 넘치는 사람으로서 행동과 언어, 그리고 표정을 밝게 할 것이다.

4. 나는 긍정적인 사람으로서 마음이 병들지 않도록 할 것이며, 남을 미워하거나 시기, 질투하지 않을 것이다.

5. 나는 내 나이가 몇 살이든 스무 살의 젊음을 유지할 것이며, 세상에 태어나 한 가지 분야에서 전문가가 돼 나라에 보탬이 될 것이다.

6. 나는 항상 정신과 육체를 깨끗이 할 것이며, 나의 잘못을 고치는 사람이 될 것이다.

이와 달리 부정적 결과를 얻게 되는 현상을 '스티그마 효과(Stigma Effect)'라고 한다. 주변의 부정적 선입견에 노출되어 바람직하지 못한 결과를 얻게 되는 현상을 말한다.

자신에 대한 암시 요법 이외에 '타인에 의한 믿음'도 강력한 동기부여 효과가 있음이 입증된 바 있다. 부모 또는 교사 등의 믿음에 따라 자녀 또는 학생이 그 기대에 부응하는 것이 대표적인 사례이다. 1968년 하버드대학교 교수 로젠탈은 한 초등학교에서 전교생을 대상으로 지능검사를 한 후 검사결과와 상관없이 무작위로 한 반에서 20% 정도의 학생을 뽑았고, 그 학생들의 명단을 교사에게 주면서 '지적능력이나 학업성취의 향상 가능성이 높은 학생들'이라고 믿게 하였다. 8개월 후 조사를 다시 하였다. 조사한 결과, 명단에 속한 학생들은 다른 학생들보다 지능과 평균점수가 크게 향상되는 것으로 나타났다. 교사의 믿음이 은연중에 학생에게 전달되어 긍정적인 영향을 미친다는 사실이 입증된 것이다. 이를 '로젠탈 효과'라고 한다.

우리말에 "말이 씨가 된다."라는 말이 있다. "긍정적인 말을 하면 긍정적인 효과가 나타나고, 부정적인 말을 하면 부정적인 효과가 나타난다."는 의미이다. 한마디로 말하자면 콩 심은데 콩 나고 팥 심은데 팥이 나는 것이다.

자녀에게 "커서 뭐가 되려고 저럴까?"보다는 "넌 잘 될 거야!"라는 예언을 하면 어떨까. 주변 사람들에게도 자신에게도 긍정적인 말을 하자. 삶이 훨씬 풍요로워질 것이다. 인간의 신념은 대단하다. 사람의 병까지도 고친다. 얼마나 놀라운 일인가?

독서의 힘, 왜 책을 읽어야 하는가?

독서광으로 유명한 대표적 인사가 있다면 페이스북 창업자 마크 주커버그다. 그는 2주에 한 권씩 책을 읽는다고 한다. 그는 "새로운 독서 계획은 자신을 흥분되게 한다."고 밝히고 있다. 그는 하버드를 중퇴하고 회사를 창업하였다. 조직이 커짐에 따라 기업 시스템을 정립해야 하는 과제가 있었고, 직원들과 소통에 장애가 발생하였다. 그가 선택한 방법은 독서였다. 그는 독서를 한 후 "조직의 리더가 될 수 있었다."고 말한다.

마이크로소프트 CEO 빌게이츠도 독서광으로 유명하다. "지금의 나를 만든 것은 어릴 때 자주 찾은 작은 도서관이다."라는 빌게이츠의 말은 우리에게 매우 많이 알려져 있다.

평생의 라이벌이었던 현대 정주영과 삼성 이병철의 공통점은 '독서'였다. 정주영은 "나는 소학교 밖에 졸업하지 못한 사람이지만 평생 좋은 책을 찾아 읽기를 게을리하지 않았다. 좋은 책은 위대한 스승이다."

책 읽기는 어려운 일이 아니다. 마음이 가는 글귀는 밑줄도 긋고 메모도 하면서 편하게 읽으면 된다. 신문을 읽듯이 부담 없이 읽으면 된다.

라고 말하였다. 이병철은 평소 간부들에게 "책을 읽어라. 아무리 유능한 사원이라도 업무에만 파묻혀 살면 어느 사이엔가 유연한 사고력과 객관적인 판단력을 잃게 되기 쉽다."라고 하였다.

젊은 세대들에게 많이 알려져 있는 커피 프랜차이즈 카페 '이디야'의 회장 문창기는 사업 정체기에 무작정 책 50여 권을 읽은 후 '직원이 첫 번째 고객'이라는 인식으로 바뀌면서 사업이 성장 가도를 달리기 시작하였다고 한다.

2011년도에 내가 실제로 겪은 일이다. C 기업 대표로부터 "매출이 줄고 어려움을 겪고 있다."는 말을 듣고 그에게 '누가 내 치즈를 옮겼는가?'를 추천한 적이 있다. 그는 책을 사서 읽고는 그날 잠을 한숨도 못 잤다고 한다. 그리고 그는 동종 업계에 있는 사장 10여 명에게도 그 책을 선물하였다고 한다. 무엇보다 자신이 변해야 한다는 사실을 깨닫고 변화를 추구하였다. 지금은 당시에 비해 매출도 올라가고 회사도 잘 운영되고 있다. 이 사건은 나에게 '독서의 힘'을 깨닫게 되는 계기가 되었다. 물론 나 자신도 책을 읽으면서 변화했기 때문이다.

　무한 경쟁시대에서 '창의력'은 필수 요소이다. 많은 기업들과 조직들이 창의력이 있는 인재를 원하고 있기 때문이다. 어떻게 하면 창의력이 있는 사람이 될 수 있을까? 목표가 명확한 사람이 열정을 갖는 것이 창의력의 출발점이다. 창의력은 지식과 지혜의 토양 위에서 자라난다. 지식과 지혜를 어떻게 쌓아야 할까? 자신의 경험만을 통해 지식과 지혜를 쌓는 것은 한계가 있다. 학습이 필요한 이유이다. 학습은 다른 사람의 경험 또는 독서 등을 통해 습득될 수 있다. 그중 독서는 적은 비용으로 시간과 공간의 제한 없이 지식과 지혜를 얻을 수 있는 가장 효과적인 방법이다. 왜냐하면 책을 통해 시간과 공간을 초월하여 '위대한 인물들'과 만날 수 있기 때문이다.

　직장인이 시간을 내어 책을 읽는 것은 쉬운 일이 아니다. 업무를 하기도 바쁜 직원들이 독서가 업무 다음으로 밀려나는 것이 '일상다반사'이기 때문이다. 그래서 직원들이 시간을 내어 책을 읽을 수 있도록 '강제성'을 부여하는 중소기업 CEO들이 있다. 독후감을 내지 않으면 인사평가를 하지 않는 CEO가 있는가 하면, 책을 직원에게 선물하고 독후감을 안 내면 이를 월급에서 공제하는 CEO도 있다. '강제독서'를 시행하고 있는 T 기업 CEO는 "독서경영 초기, 불만을 가졌던 직원들도 책을 통하여 변화를 경험하고 이제는 자발적으로 독서경영에 참여하고 있다."고 말한다. 독서경영이 개인과 조직의 소통을 원활하게 하고, 무엇보다 직원들의 성장에 큰 도움을 주고 있는 것이다.

투자의 전설, 워런 버핏[20] 역시 독서를 가장 소중한 습관으로 꼽는다. "당신의 인생을 가장 짧은 시간에 가장 위대하게 바꿔 줄 방법은 무엇인가? 만약 당신이 독서보다 더 좋은 방법을 알고 있다면 그 방법을 따르기 바란다. 그러나 인류가 현재까지 발견한 방법 가운데서만 찾는다면 당신은 결코 독서보다 더 좋은 방법을 찾을 수 없을 것이다."

책을 어떻게 읽는 것이 좋을까? 책의 종류에 따라 달리 접근하는 것이 좋다. 물론 소설은 처음부터 끝까지 읽어야 한다. 그러나 자기계발서 등

---

20) 투자의 귀재라고 불리며 20세기를 대표하는 미국의 사업가이자 투자가이다. '오마하의 현인'이라는 별칭을 가지고 있으며 억만장자이면서도 검소한 생활태도로 유명하다.

그 외의 책은 자기가 원하고 내키는 부분을 찾아 읽으면 된다. 파레토의 법칙처럼 "책의 20%만 핵심이다."라고 편하게 생각하고 건너뛰기해서 읽어도 된다. 신문을 읽듯이 말이다. 책을 읽으면서 마음이 가는 글귀는 밑줄도 긋고 메모도 하라고 권하고 싶다. 그리고 한 번만 읽지 말고 몇 번 반복해서 읽기를 권한다. 그렇게 하다 보면 점점 생각의 근력이 커지게 된다. 이렇게 책을 읽으면 1일1독도 가능하다.

메모하고 또 메모하라

천재 발명가인 토마스 에디슨은 독서광이자 메모광이었다. 분야를 가리지 않고 책을 탐독하였다고 한다. 그가 평생 읽은 책은 350만 페이지로 매일 1권씩만 읽어도 거의 30년이 걸리는 양이다. 평생 동안 기록한 메모노트가 3,400권이나 발견되었다. 그의 위대한 발명은 끊임없는 독서와 메모 습관 덕분이다.

이와 같이 각 분야에서 한 획을 그었던 인물들의 대부분이 메모광이었다. 천재 물리학자 아이슈타인도, 기업경영의 신화 잭 웰치[21]도 메모광이었다. 잭 웰치가 냅킨에 적은 메모는 널리 알려진 일화다. 우리나라 역대 대통령 중 김대중 대통령 역시 메모광으로 유명하다. 그는

---

21) 제너럴일렉트릭(GE)의 최연소 최고경영자가 되어 GE를 세계최고 기업으로 성장시켰다. '경영의 달인' 등 별칭으로 불리며 1,700여건의 기업 인수 합병을 성사시켰다.

다독가로 많이 알려졌지만 수첩에 깨알 같은 글씨로 메모하는 것으로도 매우 유명하다. 삼성 창업주 이병철도 메모광으로 유명하였다. 매일 아침에 하는 일은 그날 할 일을 메모하는 일이었다고 한다. "메모를 하다보면 열다섯, 열여섯 가지가 절로 생각납니다. 그리고 어제 메모했던 것을 대조하며 보충합니다."라고 말하였다. 이 책에 언급된 CEO들 대부분이 메모광이다. 특히 씨에치씨랩 차형철 대표는 손수 "이 메모가 당신의 인생을 바꿀 것이다."라는 글을 수첩에 써서 직원들에게 선물한다.

인생이 살아볼 만한 이유는 끝까지 가봐야 알 수 있기 때문이다. 인생의 결말을 안다면 그야말로 재미없는 인생을 사는 것일 것이다. 자연의 섭리는 매우 놀랍다. 누구에게나 24시간의 하루가 너무나 공평하게 배분되기 때문이다. 일주일, 한 달, 일 년이 너무나 똑같이 배분된다. 사회적·경제적 위치에 상관없이 누구에게나 같은 시간이 주어지니 말이다. 그러나 그 차이를 만드는 중요한 역할을 '메모'가 한다고 나는 확신한다.

왜 메모를 하여야 할까? 머리에 다 담을 수 없기 때문이다. 나이가 들어가는 사람들 대부분이 공통적으로 하는 얘기가 시간이 너무 빨리 간다는 것이다. 순식간이다. 아침에 출근해서 조금 일했는데 점심이고 저녁시간이 된다. 그렇게 한 달이 지나고 일 년이 지난다. 지난 1년 동안

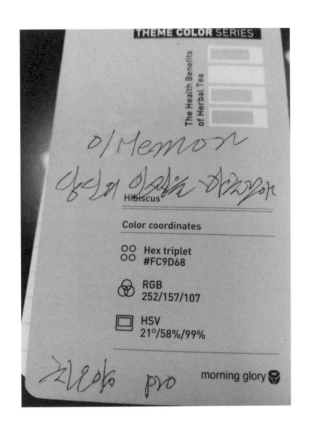

이 메모가 당신의 인생을 바꿀 것이다. 이는 차형철 대표가 직원에게 써준 글귀이다. 메모를 통해 생각의 힘이 커지게 되고, 메모를 통해 자신이 가진 목표를 실현하게 하는 힘을 갖게 된다.

자신이 무슨 일을 하였는지, 자신에게 어떤 일이 있었는지 기억이 안 난다. 그렇기 때문에 의미 있는 하루와 사건에 대하여 자신의 생각을 기록해야 하는 것이다. 그것들을 들춰보면 그날의 일들이 어느새 다시 재생된다.

또한, 메모는 생각의 힘을 커지게 한다. 자신이 인지한 정보를 두뇌에 각인시키면서 지식이 되고 지혜가 되기 때문이다. 메모하면서 여기저기 흩어진 정보들이 하나로 모이게 되고 자신의 세계관이 확대된다.

그렇다면, 어떻게 메모를 하는 것이 좋을까? 수첩에도 좋고, 스마트폰에 있는 메모장도 좋다. 갑자기 아이디어가 생각나면 바로 메모해야 한다. 이루고 싶은 목표가 있어야만 뭔가를 '기록'하는 열정이 생긴다. 지식과 경험을 쌓으려고 노력하게 되고, 그것을 잊지 않기 위해 메모도 하게 된다. 꿈이 있다면 반드시 메모하라. 새로운 것을 관찰하고 메모하라. 그러면 차형철 대표의 말처럼 당신 인생이 바뀔 것이다.

뜨거운 열정으로
기필코 승리하자

"원하는 것을 말하고 또 말하라.
삶은 부메랑이다.
우리들의 생각, 말, 행동은 언제가 될지 모르나
틀림없이 되돌아온다."

- 플로랑스 스코벨 쉰 -

뜨거운 열정으로 기필코 승리하자

많은 중소기업 대표를 만나면서 그들로부터 공통적으로 듣는 얘기가 있다. "외부위기보다 내부위기가 더 무섭다."는 말이다. 그들은 하나같이 내부위기의 원인을 '사람의 문제'에서 찾는다. A 사장은 창업한지 10여 년이 지났다. 사업 규모가 계속 확장되면서 직원 수가 많이 늘어났다. 그가 신경 쓸 곳이 너무 많았다. 그래서 그는 "조직 시스템을 갖추는 것에 대하여 생각할 겨를이 없었다."라고 말한다. 그는 "직원수가 3명, 10명, 20명이 되고, 어느 덧 그 숫자가 50명이 넘었는데 조직의 다양한 문제를 알면서도 아직도 '시스템'을 제대로 갖추지 못하고 있다."며 자책하고 있다.

그는 "기업의 미래를 위해 가장 중요한 일은 능력 있는 사람을 충분히 확보하는 것이다."라고 생각한다. 장기 근속자들이 근무한 경력에 비례해 중요한 역할을 하면 좋겠지만, 어느 새 현실에 안주하며 변화를 거부하는 '걸림돌'이 되고 있기 때문이다. 그는 "1993년 이건희 회장이 '처자식만 빼고 다 바꿔보자'는 '신경영 선언'을 통해 변화와 혁신을 주문했는데, 이는 변화를 받아들이지 않는 '직원'을 해고하기 위한 것이다."라는 것이다. 이러한 이야기를 그에게만 들은 것이 아니라 여러 CEO들에게 들으니 '중소기업 현실'이 이해가 되었다. 창업 초창기에 CEO는 사업을 확대하는 문제에 몰두하느라 '내부 시스템'에는 그리 신경을 쓰지 못한다. 그 사이에 변화와 혁신을 거부하는 직원들이 문제를 일으키는 경우가 종종 있다.

"중소기업 사장들의 어려움 중 하나는 직원관리예요. 창업 초기부터 함께 일한 경력 직원들 중에 일부가 적극적으로 일을 하지 않고, 사고와 능력에 한계를 드러내고 있어 문제예요. 노력도 하지 않으면서 '자기 자리'를 침범당할까봐 방어적으로 행동하고 있어요. 그들이 후배들을 키워 줘야 하는데 일을 제대로 가르쳐 주지 않아 신입들이 입사한 후 1~2년 있으면 나가고…. 이에 직원을 새로 채용하는 등 악순환이 반복되고 있어요."

영국의 철학자 마이클 폴러니는 지식의 종류를 '암묵지(암묵적 지식)'와 '명시지(명시적 지식)'로 구분하였다. 암묵지는 학습과 경험을 통하여 습득되는 지식을 말하고 명시지는 언어나 문자를 통하여 외부로 표현된 문서화 또는 데이터화된 지식을 말한다. 잘되는 기업은 암묵지가 매뉴얼화 등을 통해 명시지로의 전환이 빈번하게 이루어지는 등 조직 시스템이 효율적으로 작동된다. 이렇듯 직원 상호간의 자유로운 소통으로 암묵지의 공동화가 원활하게 이루어지는 조직이 바람직하다.

그렇다면 '조직 시스템'을 어떻게 만들어 가야 할까? 팀 페리스의 『타이탄의 도구들』에 소개되어 있는 라쿠텐[22]의 설립자 히로시 미키타니의 이야기는 사뭇 인상적이다. 그는 '3과 10의 규칙'을 강조하는데, 그것은 '회사 규모가 대략 3배 커질 때마다 회사의 모든 것이 변한다'는 명제에서 출발한다. 규모가 늘어난다는 것은 회사가 '사명(Mission)'을 포함한 모든 것을 혁신해야 할 때가 왔다는 신호라는 것이다. 그는 규모의 확대가 '축복'이 아니라 '경고'라고 말한다. 지금 직원 수가 30명인데, 만약 업무프로세스와 시스템이 10명일 때 마련해둔 것이라면 '모든 것'을 바꿔야 한다. 모든 것이란 급여 처리 방식, 회의 일정을 정하는 방식, 사용하는 커뮤니케이션 도구 등 업무 프로세스와 시스템을 말한다. 그동안 사용하던 시스템이 변화(신설, 수정 또는 삭제)하기 위해서는 CEO 마인드가 매우 중요하다. 즉, 다음과 같은 '사장의 역할'이 필요하다.

---

22) 라쿠텐은 1997년 히로시 미키타니가 창업하였다. 일본 인터넷 인구의 약 90%가 라쿠텐(Rakuten)에 등록되어 있을 정도로 라쿠텐은 일본에서 가장 큰 온라인 마켓플레이스이다. 현재는 E-commerce뿐만 아니라 사람들의 다양한 라이프 스타일을 커버하기 위한 인터넷 서비스 사업, 신용카드, 전자금융을 포함한 경제 서비스, 은행, 증권, FinTech 금융 사업 등 다각적인 분야에서 서비스를 제공하고 있다.

첫째, 직원이 일할 이유를 만들어 주어야 한다. 직원이 '보람'을 느낄 수 있도록 만들어 주어야 하는데, 이때에는 '돈'이 아니라 '비전'이 명확하여야 한다.

둘째, 제대로 된 인재를 모집하고 그들이 제대로 일할 수 있는 환경을 제공해주어야 한다. 이를 위해서는 회사의 '인재상'이 마련되어 있어야 하고, '업무평가'와 '보상체계' 등이 공정하게 집행되어야 한다. 또한, 교육 등을 통해 그들이 발전할 수 있는 '토대'도 제공하여야 한다.

셋째, 끊임없이 직원과 소통하며 그들의 진정한 후견인이라는 것을 보여 주어야 한다. 즉, '최종 책임'은 사장이 질 것이라는 '신뢰'를 기반으로 직원들이 맘껏 일할 수 있는 '판'이 만들어져야 한다.

시스템을 끊임없이 바꾸려면 어떻게 해야 할까? 회사의 규모가 늘어날 때마다 '직원의 업무량 분석 등을 수반한 조직개편과 인사 배치'가 필요하다. 이 문제에 있어서 B 회사 CEO는 직원들과의 면담 등을 통해 '진단'과 '처방'에 대해 끊임없이 소통을 한다고 한다. K 회사 CEO는 기획팀에서 분기마다 각 부서 기능과 개인별 업무분장, 업무절차의 적절성에 관한 보고서를 제출하도록 한다. 그는 그것을 "조직이나 개인이나 환경 변화에 '최적화'되지 않으면 '퇴장'당한다."는 '절박감'이라고 표현한다.

끊임없이 기업의 생사를 고민하는 중소기업 CEO들에게 듣는 얘기 중 하나가 'CEO는 외롭고 고독하다'이다. 외롭고 고독한 이유가 복잡한 변수들이 얽혀 있는 치열한 경쟁 시장에서 '결단의 순간'이 온전히 CEO 자신의 몫이기 때문이다. 또한, 이것은 CEO가 최종 결론을 내리는 과정에서 '조언 또는 정보의 부족으로 인한 고충'을 의미하는 말이기도 하다. 결정이 잘못되면 돌이킬 수 없는 결과를 낳기 때문에 더욱 그러할 것이다. C 기업 대표는 "신생 기업의 CEO들은 바쁘지만 세미나, 워크숍, 최고위 과정 등을 찾아다니며 선배 CEO들에게도 묻고 질문해야 한다."며 "책을 읽고 열심히 공부하는 것이 필요하다."라고 조언한다.

이 책에 소개된 20명의 CEO들은 변화를 받아들이면서 성장을 계속하고 있다. 아낌없이 자신의 '이야기'를 소개해준 CEO들에게 진심으로 감사한다. 그들의 이야기를 듣고 정리하며 무엇보다 내 자신이 달라졌음을 느낀다.

Foreign Copyright:
Joonwon Lee
Address: 13F,127, Yanghwa-ro, Mapo-gu, Seoul, Republic of
Korea 3rd Floor
Telephone: 82-2-3142-4151
E-mail: jwlee@cyber.co.kr

고속 성장의 비밀, PDCA 자기경영

2019. 5. 3. 초 판 1쇄 발행
2019. 5. 24. 초 판 2쇄 발행
2019. 6. 3. 초 판 3쇄 발행
2022. 7. 7. 장정개정 1판 1쇄 발행

지은이 | 이태철
펴낸이 | 이종춘
펴낸곳 | BM ㈜도서출판 성안당
주소 | 04032 서울시 마포구 양화로 127 첨단빌딩 3층(출판기획 R&D 센터)
| 10881 경기도 파주시 문발로 112 파주 출판 문화도시(제작 및 물류)
전화 | 02) 3142-0036
| 031) 950-6300
팩스 | 031) 955-0510
등록 | 1973. 2. 1. 제406-2005-000046호
출판사 홈페이지 | **www.cyber.co.kr**
ISBN | 978-89-315-5889-0 (03320)
정가 | **15,800원**

이 책을 만든 사람들
책임 | 최옥현
진행 | 김해영
교정·교열 | 안종군
본문 디자인 | 청맥기획
표지 디자인 | 박현정
홍보 | 김계향, 이보람, 유미나, 서세원, 이준영
국제부 | 이선민, 조혜란, 권수경
마케팅 | 구본철, 차정욱, 오영일, 나진호, 강호묵
마케팅 지원 | 장상범, 박지연
제작 | 김유석

■ 도서 A/S 안내

성안당에서 발행하는 모든 도서는 저자와 출판사, 그리고 독자가 함께 만들어 나갑니다.
좋은 책을 펴내기 위해 많은 노력을 기울이고 있습니다. 혹시라도 내용상의 오류나 오탈자 등이 발
견되면 "좋은 책은 나라의 보배"로서 우리 모두가 함께 만들어 간다는 마음으로 연락주시기 바랍
니다. 수정 보완하여 더 나은 책이 되도록 최선을 다하겠습니다.
성안당은 늘 독자 여러분들의 소중한 의견을 기다리고 있습니다. 좋은 의견을 보내주시는 분께는 성
안당 쇼핑몰의 포인트(3,000포인트)를 적립해 드립니다.
잘못 만들어진 책이나 부록 등이 파손된 경우에는 교환해 드립니다.